이제
그렇지 않을 날만
남았습니다

조경숙 시집

청옥

시인은

시인은
외로울 때 사랑을
절망 속에서 희망을
고통 속에서 위로를
궁핍 속에서 나눔을 노래한다

시인은
그가 바라는 세상에서
함께 살아가기를 원한다
현실은 그렇지 않을지라도
이상을 꿈꾸며 소망을 노래한다

시인은
가난과 절망 불행 질병 상처 이별
이러한 아픔이
결코 끝이 아니라는 것과
희망은
이 모든 것으로부터 이루어진다는 것을 알고 있다

2023. 여름을 보내며

조 경 숙

목 차

1 부 이제 그렇지 않을 날만 남았습니다

그런 바다가 있는데 …………………………… 11
수국 ……………………………………………… 12
이제 그렇지 않을 날만 남았습니다 …………… 13
가을입니다 ……………………………………… 14
보리암에서 ……………………………………… 15
활짝 피어난 꽃만 꽃이 아니랍니다 …………… 16
바람의 속성 ……………………………………… 17
어떤 모습으로 오시나요 ………………………… 18
꽃이고 싶다 ……………………………………… 20
겨울나무와 겨울새 ……………………………… 21
잊을 때 찾는다 ………………………………… 22
질경이 …………………………………………… 23
너에게 하던 말이 ………………………………… 24
그 바다에 섬이 있었네 ………………………… 25
아이야 …………………………………………… 26
겨울 속의 봄 …………………………………… 27
밤이 오면 ………………………………………… 28
새는 울지 않는다 ………………………………… 30
친구에게 ………………………………………… 31
때문입니다 ……………………………………… 32
코스모스 ………………………………………… 33
폭설 ……………………………………………… 34
흐르는 강은 죽지 않는다 ……………………… 35
침묵을 듣다 ……………………………………… 36

2부 슬플 땐 슬픈 노래를 들어요

저물도록 향기 피우다 ················· 39
슬플 땐 슬픈 노래를 들어요 ············ 40
이제야 알았네 ······················ 42
안개 속에서 ························ 43
사랑으로 채우다 ···················· 44
나는 생각한다 ······················ 45
시소게임 ··························· 46
너에게 ····························· 47
날마다 울음 우는 새 ················· 48
뒷모습 ····························· 49
어제의 내가 아닙니다 ················ 50
무슨 소용 있으랴 ···················· 52
안개꽃 ····························· 53
겨울 강가에 봄은 오는데 ············· 54
너도 참 고맙구나 ···················· 55
시간의 바퀴는 멈추지 않는다 ········· 56
길 위에서 ·························· 58
바람이 분다 ························ 59
노을 ······························· 60
버스를 타기로 해요 ·················· 61
바람 없는 곳 ······················· 62
언어의 힘 ·························· 64
가을에 스미다 ······················ 65
오륜대 ····························· 66
우리의 약속 ························ 68

3 부 당신께 가을을 전합니다

당신께 가을을 전합니다 ······ 71
을숙도에서 ······ 72
장미가 향기로운 건 ······ 73
또 하루를 저에게 ······ 74
당신을 알고 ······ 75
나의 적은 나였다 ······ 76
가을꽃 ······ 77
그대는 나에게 ······ 78
다시 그럴 수 없는 것처럼 ······ 79
아침의 기도 ······ 80
어떠한 눈으로 보는가 ······ 81
바람에 대하여 ······ 82
어느 날 돌아보면 ······ 84
풍성한 삶 ······ 85
청사포에서 ······ 86
오래전부터 기다리던 당신 ······ 87
이 밤 비는 내리고 ······ 88
마지막 기도 ······ 89
오늘 걸어가는 길 ······ 90
우리는 ······ 91
양면의 법칙 ······ 92
지금은 돌아가야 할 때 ······ 93
진정 몰랐습니다 ······ 94
사막의 별이 된 사람 ······ 95
바람에 피어나는 꽃 ······ 96

4부 길을 잃고 길을 찾다

길을 잃고 길을 찾다 ····· 99
낙화 ····· 100
그런 까닭입니다 ····· 101
말에 향기가 난다 ····· 102
그대라는 이유만으로 ····· 104
어제와 오늘 그리고 내일 ····· 105
아버지 ····· 106
나의 기도 ····· 107
강, 바람에 살다 ····· 108
봄꽃의 비밀 ····· 110
곁가지 ····· 111
띄우지 못한 편지 ····· 112
당신을 만나기 위한 것 ····· 113
미움도 사랑이라 ····· 114
강 ····· 115
별밤 ····· 116
다시 오지 않을 오늘입니다 ····· 118
사랑받아 마땅한 ····· 119
마음의 틀 ····· 120
우정으로 공복을 채우다 ····· 121
뉴스 ····· 122
장미를 오직 아름답게만 보는 이에게 ····· 124
내 것이 아닙니다 ····· 125
무명용사의 묘비 ····· 126
시 한 구절 읊어보라 ····· 128

▎해설 / 권대근 — 혜안의 깃발, 희망의 시학 ····· 129

1부

이제 그렇지 않을 날만 남았습니다

그런 바다가 있는데

그래, 친구야
무슨 말이 더 필요하겠니
저 바다가 우리와 함께 하는데
세상은 소란하여도 바다는 고요하기만 한데

바람 불면 바람길 가고
어둠이 오면 등대를 켜고
불빛 없는 곳에 달빛이 길 되듯
달 없는 길에 별이 더욱 밝으니

우리의 영원한 벗인 저 바다가 있는데
내어주는 기쁨으로
더 넓게 살아가는 바다가 있는데
무너지는 힘으로
더 크게 일어나는 바다가 있는데

침묵한다고 모를 우리가 아니지
폭풍과 소나기까지
제 몸과 같이 품어 안은 바다가 있는데

우리에게 그런 바다가 있는데

수국

나에게 이러한 하루를 허락하소서

당신을 기다리기보다
먼저 다가가는 걸음이게 하소서

오랜 기다림은 증오의 탑을 쌓았고
헤어 나오지 못할 그늘을 만들었으니
이런 나의 어리석음을 용서하소서

강물보다 선한
아이의 눈동자에 나를 머물게 하소서
한 계절만이라도
눈물 젖은 땅에 꽃을 피우게 하소서

범람하는 사랑이
저 들판을 메아리치게 하소서
그 향기가 어두운 날
꺼지지 않는 빛이 되게 하소서

이제 그렇지 않을 날만 남았습니다

지금 외로울 때라면
외롭지 않을 날만 남았습니다
지금 괴로울 때라면
괴롭지 않을 날만 남았습니다
죽을 만큼 아프다면
회복의 날만 남았습니다

그러니 그대여
진 자리를 딛고 일어선 저 들풀처럼
삶의 가파른 절벽을 만났을 때
그를 두려워하기보다
더 높이 날아오르는 새가 되어 봄이 어떠한지

폭풍의 바다에서 희망의 그물을 내리는 사람은
역풍에 배가 흔들릴수록
승리의 깃대를 더 높이 올리니까요

지금 그렇다 할 때
이제
그렇지 않을 날만 남았음을 꼭 기억하세요

가을입니다

가을 햇살이 마을을 들어서면
여름날 지나치던 산과 들을 눈여겨봅니다
바람은 숲을 돌아 마을 어귀에 내려앉습니다
갈바람에 숲의 냄새가 나는 까닭이지요

가을입니다
힘든 날을 잘 견뎌 왔습니다
폭염 속에도 웃음을 잃지 않는 배롱나무처럼
절망과 한숨뿐인 삶 속에도
희망을 떠올리는 그런 사람이게 하소서
내가 받은 사랑을
더 크게 돌려주는 가을이게 하소서

밤은 점점 길어지고
우리에게 남은 시간은 짧아져 갑니다
노을이 저 산을 넘어설 때면
지난날은 참 아름다웠다
그렇게 추억할 수 있게 하여 주소서

봄을 기억하는 꽃은 시들어갈 뿐 죽지 않습니다
이별의 순간부터 만남을 준비하는
해바라기의 꿈이 우리에게도 이루어지게 하소서

보리암에서

그대여 그리 서둘지 마라
오늘 스친 구름과 하늘과 바다
내 생애 두 번 다시 만날 수 없을 테니

길과 길은 이어져 있건만
언제나 길의 끝을 물어보는 사람들

오른 만큼 내려야 하는 길에서
서둘러 이른다 자랑할 것도
더디다 가지 못할 것도 아니지 않은가

벼랑 끝자락 무너질 듯한
저 바위가 아무리 위태롭다 하여도
그들 사이엔 떨어질 수 없는 철석과 같은 믿음이 있어
폭풍우에 젖은 세월이 그들을 하나로 만들었지

바위는 바위를 딛고 선 것이 아니다
온 힘을 다하여 서로를 받쳐주는 것이라

수평과 지평의 경계를 허물어가는 저 파도처럼

활짝 피어난 꽃만 꽃이 아니랍니다

활짝 피어난 꽃만 꽃이 아니랍니다
마디마디 끊이지 않는 신음소리
어린싹을 피우려 가슴 졸이던
그 순간이 더욱 아름다우니까요

활짝 피어난 꽃만 꽃이 아니랍니다
소슬바람에 여위어가는 가지
꺾인 줄기와 거름이 되고자 하는 낙엽까지
놓칠 수 없는 삶의 고귀한 순간이지요

활짝 피어난 꽃만 꽃이 아니랍니다
갈바람에 흩어지는 꽃잎
꽃은 지고 없어도 끊이지 않는 향기
기억 속에 지지 않는 꽃도 꽃이랍니다

활짝 피어난 꽃만 꽃이 아니랍니다
곤히 잠들어 있을 씨앗의 숨결
한 줌 흙에 깨어나지 않은 생명까지도
삶을 향기롭게 하는 꽃이랍니다

바람의 속성

바람이 불어옵니다
바람에 무너지지 않으려 안간힘을 쏟는 사이
나무가 제 몸을 후려치는 소리가 맵게 들립니다
또 한 번 시련의 문턱을 넘어서면
수확의 가을입니다

어느 삶인들 순탄하지만 않습니다
좀 더 강해지기 위해
견뎌야 하는 인내의 맛은 쓰디 씁니다

자정의 강물도 바람을 빌려 물결을 일으킵니다
좀 더 나은 삶을 위해서라면
뜻밖의 시련과 고통도 다스려야 할 테니까요

바람과 바람이 부딪히는 소리
강물의 흐름이 빨라집니다
바람은 머물지 않습니다

왔던 길 돌아보기보다
한발 더 나아가는 게 바람의 속성입니다

어떤 모습으로 오시나요

당신은 어떤 모습으로 오시나요
쓸쓸한 노인의 모습인가요
걸인의 차가운 무릎인가요
갈 곳 몰라 방황하는 걸음인가요
떠난 자리에 남은 한숨인가요
부모 잃은 아이의 야윈 손인가요
상처에 떨어지는 눈물인가요

하지만 나는 알고 있지요
이 모든 것들로 당신을 만난다는 것을

어서 오라 끌어주기도 하고
천천히 오라 기다리기도 하고
멀찍이 지켜보기도 하는 당신입니다

느리지도 빠르지도 않은 걸음으로
다가가고 있으니
우리 사이 좀 더 가까워짐을 느낍니다

잃지 않고선
소중한 것을 모르는 사람을 위해

눈물이란 찬란한 보석을 내어 주었습니다

빛이 어둠을 찾듯
내 가장 누추하고 부족한 곳으로 오실 당신입니다

꽃이고 싶다

아직 봄을 맞지 못한 그대 텅 빈 밭에
사철 지지 않는 꽃으로 피어나고 싶다

그대가 좋아하는 향기를 송이 가득 채워서
고단하던 그대 삶이
꽃과 같이 향기로울 수만 있다면
밤새 그대를 노래하는 향기이고 싶다

마른 곳을 찾아가는 강과 같이
그대 마음 적시는 이슬이고 싶다
구름을 춤추게 하는 새가 되고
그대 그늘을 거두어가는 바람이고 싶다

한나절 동안이라도
그대를 행복하게 하는 햇살이고 싶다
그대 가슴에
뿌리내리는 그대만의 꽃이고 싶다

나는 또 나의 꽃이고 싶다
사랑할 때 더욱 아름다워지는 꽃
꽃을 보는 눈길마다
사랑을 심어주는 꽃다운 꽃이고 싶다

겨울나무와 겨울새

유난히 추운 곳을 찾는 겨울 철새는
모두가 버리고 떠나간
겨울나무 꼭대기 아슬한 자리에 집을 짓는다

해를 가려 줄 이파리도
생명 열매도 없는 빈 가지엔 차가운 바람만 술렁일 뿐
눈길조차 가지 않는 연약한 곳에 겨울을 난다

겨울나무는 새의 깃털에 따스해지고
청량한 노랫소리에 새봄의 물을 긷는다
새가 있어 찬바람도 두렵지 않다

힘겨운 날을 함께 한 사이라
누구보다 서로를 잘 알고 있다

가장 잘 안다는 건
가장 아픈 시간을 함께 하였다는 것

잊을 때 찾는다

근심으로 무거울 때면
돌을 안고 누웠기보다 몸을 추려
바람도 고요한 축서산 통도사를 찾는다

지금까지의 생각을 모두 버려라
너마저 잊어라
잊어야 찾을 수 있다고
먼 풍경소리 큰 산을 울린다

능선을 쓰다듬는 바람 소리, 물소리
서운암 뒷마당 장 익어가는 소리

모든 건 중요하지 않다
지금은 오직
가을이 마을을 찾아오는 소리
낙엽 내리는 소리
물이 길 열어가는 소리
감잎 물드는 소리에 마음 기울일 때다

나를 잊을 때 나를 찾을 수 있다는 것을

질경이

오뉴월 꽃향기 흐드러진 날
들판 한 모퉁이에 돌아앉은
꽃이라 하기에 너무 초라한
풀꽃이라 이름하는 꽃

모두가 환호하는 길을 벗어나
아무도 돌보지 않는
척박한 땅에 삶을 일구었다

살기 위하여 좀 더 단단해져야 한다고
치이고 밟힐수록 커지는 힘으로
대지에 질긴 생명 뿌리내렸다
위험할수록 강인한 정신으로 일어나는 꽃

모두 그렇다 할 때
아니라 할 수 있는 용기
스스로 거친 삶을 택하는
진정 살아있는 꽃

너에게 하던 말이

삶이 힘겹게 느껴질 때
나보다 아픈 손을 잡고 노을 강가에 앉아
네 지난날을 듣고 있노라면
마음은 달빛 호수가 되고
물결을 어루만지는 바람이 된다

상처 난 마음 헤아리다 보면
내 헝클어진 생각도 풀어지고
힘에 부치어 미루었던 일과
다하지 못한 날들이 못내 아쉬워져

삶이 무겁게 느껴질 때
나보다 지친 어깨를 안고 있노라면
서러움도 강물 되어 흐르고
여윈 어깨 품으려
나는 두 날개 활짝 펼치는 새가 된다

그리하여 일어난 건 나
너를 위로함으로 내가 위로받았다
너에게 하던 말이 나를 향한 다짐이었던 것을
너를 위한 일이 나를 위한 것이었다

그 바다에 섬이 있었네

밀물과 썰물이 조석으로 드나드는 곳
드넓은 바다도 작은 섬 하나로 애태울 때가 있어
풍랑마다 놀란 가슴 쓸어내렸지

바다는 크고 작은 섬을 만들었네
섬은 숲을 이루었다네
바람과 갈매기가 쉬었다 가는 곳

섬이 있는 바다는 지칠 줄 모른다네
파도에 치이고 멍울진 자리가
새 생명의 보금자리가 될 줄이야

바람을 잠재우는 섬
내 안의 상처가 너를 쉬게 할 줄이야

산다는 건 힘겨운 삶 속에
그 누구라도 잠시 머물다가는 섬이 되는 것이라네

섬과 섬은 이어져 수평선이 되었네
물결도 기대어 갈 수 있는 곳이라네

아이야

아이야
곤하면 흐린 날 새처럼 쉬었다 가렴
너의 휴식을 위해 잎은 무성하고
기대어 갈 넓은 어깨를 마련해 두었으니

바쁠수록 더디 가는 강의 지혜를 배우고
숨이 차오르면 물살 닳은 바윗돌에 걸터앉아
바위를 가르는 물결을 보며
나비의 날갯짓이 태풍을 몰고 온다는
전설 같은 이야기에 귀 기울여 보렴

헐벗은 가지에 새싹 돋듯
눈물 자국마다 꽃이 피어난다는 것을
세상이 아름다운 건
타인의 아픔에 흘린 눈물 때문이야

곤한 잠 깨울까
밤새 울음 참는 저 새처럼
너 또한
누군가를 생각하며 살아갈 수 있다면

겨울 속의 봄

겨울 속에 봄을 보았다
매화 가지에 맺힌 이슬은 나무의 눈물이 아니다
봄을 짓느라 흘린 땀방울이다

삶이 치열할수록 솟구치는 생명력
겨울 난 나무마다 알알이 봄을 맺었다
봄을 재촉하는 건 살을 에는 바람
혹독한 시련이 아니면 피어나지 못할 유려한 빛깔

어둠의 먼발치에 빛이 기다리듯
몇 번의 몸살과 기침이 끝나고야
강건해지는 사람들
겨울 뒤 봄이 온다는 사실을 까맣게 잊고 살았다

처마 끝 낙숫물 떨어지는 소리
겨울나무 옷 벗는 소리
겨울 속에 봄이 있었다
겨울 아니면 어찌 봄을 맞을 수 있으랴

밤이 오면

강물도 고요한 밤이 오면
짐승도 제 무리를 찾고
길 떠난 사람도 집을 돌아봅니다

해가 다니는 길은 사람들로 북적이지만
외롭지 않으려 사람을 찾는 사람도
돌아오는 길은 외롭기 매한가지입니다
차라리 외딴 길에 바람맞는 풀잎이 되렵니다

날이 밝아지면
웃음으로 얼굴을 가려야 하는 우리
밝은 빛에 시력을 잃어가는 줄도 모릅니다

둔감한 눈으로 세상을 볼 수 없다면
마음을 듣는 어둠을 택하겠습니다
밝음에 가려진 것도 어둠 속에선 환히 보이니까요

사람을 좀 더 알고 싶다면
그 마음이 보고 싶다면
어서 밤이 돌아와야겠습니다

소리로 밝아지는 밤이면
두근거리는 심장 소리와 함께
나를 고백하기 좋은 때입니다

새는 울지 않는다

소나기가 온다고 바람이 분다고
새가 하늘을 날지 않으랴
오늘이 지치고 아프다고
마냥 주저앉아 우는 새는 없었다

슬픔이 차오르면
젖은 눈을 말리려
더 높이 오르는 새

어둠이 다가오면
밝은 빛을 찾으려
더 멀리 나아가는 새

네 가는 곳이 길 되고
네 쉬어가는 자리에 섬 하나 만들어지는

허공에 길을 열어가는
너는
슬퍼할 겨를도 없는 행복한 새

친구에게

친구야
가을이 저문다고 슬퍼하지 마라
잠시 옮겨갈 뿐
영영 사라지는 건 아니니까

낙엽이 숲으로 돌아가는 건
새봄의 자리를 마련하기 위함이야
모습이 달라질 뿐 의미는 달라지지 않아
너에 대한 내 마음처럼

친구야
돌아오는 봄날 들판에서
강을 가로지르는 꽃향기 속에
겨울밤을 꼬박 지새우던
우리의 이야기에 귀 기울여 보렴

진달래, 영산홍 저리 붉은 걸 보니
한동안 이별에
네 속 태운 줄 나는 알겠다

때문입니다

잃을 게 있다는 것은
가진 게 너무 많다는 뜻이겠지요
욕심을 버린 줄 알았는데
등 뒤로 움켜쥔 손이었습니다

손익을 제일로 여기는 자에게
재물을 거두는 것은
가장 소중한 것을 가르치기 위함이었습니다
명성을 전부라 여기는 자에게
이름을 거두는 것은
그것이 내가 아니란 걸 깨치기 위함이었습니다
육신의 쾌락을 거두는 것은
영혼의 기쁨을 전하기 위함이었습니다

비워진 곳마다
유익한 것으로 채우실 당신입니다
모든 걸 잃고도
기뻐할 수 있는 것은
당신의 그러한 생각을 알기 때문입니다

코스모스

한때 화려한 빛과 향기에 마음 쏠렸지요
하지만 나를 변하게 한 건 침묵하는 눈길

구월과 시월 사이
태양이 식어가듯 우리 사랑도 제빛을 잃어 갑니다

우거진 들풀 사이 멀어져 가는 발자국 소리

사람이 다니는 곳으로 길은 만들어지고
만남의 길에도 이별의 발자국은 있지요

여름의 상처를 보살피느라 해는 늦도록 머물고
따가운 햇살에 검붉은 고추
눈물진 고랑마다 생명을 맺었습니다
고통은 축복이라
땀 흘린 대지에 눈물의 결실을 주었습니다

피할 수 없는 이별이라면
떠나는 당신에게
꽃씨를 한 줌 넣어 드리겠습니다
오는 가을에 꽃과 함께 오실 당신을 기다립니다

폭설

폭설이 깃털처럼 흩어지는 밤
어둠 속 길은 끊어지고
길 잃은 짐승의 그림자도 사라진 마당에
마른기침과 낙엽 스러지는 소리
밤을 찾는 유일한 손님이었다

눈 쌓인 유리창에 손바닥 무늬
그렸다가 지우기를 수차례
가물거리는 전등 불빛 아래
읽다 만 페이지에 얼굴을 묻고 잠이 들었다

겨울나무는 고립을 꿈꾸었다
서로의 손을 놓았다
긴 겨울을 홀로 견뎌야만 했다

가파른 불빛, 그칠 줄 모르는 바람
고독 속에서 사람의 향기가 피어난다

사랑은 그로부터 시작되었다

흐르는 강은 죽지 않는다

차가울수록 짙푸른 생명으로
강은 쉼 없이 흘러간다

가장 낮은 곳이 강이 가야 할 땅
바람을 동력 삼아
햇살에 온몸 부비며 나아간다

오체투지 하는 수도승의 마음으로
잠시라도 멈추면
쌓여가는 상념의 이끼를 지우기 위해
강은 끝없이 흘러야 한다

흘러 살아있는 강
살기 위하여 흐르는 강
흐르는 강은 죽지 않는다

뼈아픈 시련도 살기 위한 것
산산이 깨어지지 않고선 새로이 날 수 없기에

부딪히는 힘으로
크게 나아가는 저 강물과 같이

침묵을 듣다

강물 소리 바람 소리 빗소리 나뭇잎 스치는 소리
새소리 벌레 소리 마음의 소리
진정한 소리는 낮고도 낮아
침묵으로만 들을 수 있어

덧입힐수록 멀어져 가는 진실을
보이려 할수록 너는 보이지 않았다
오히려 침묵 속에서 더 많은 너를 만날 수 있었다

소란 속에 지친 사람아
귀를 닫은 사람아
뜻 모를 기호들이 어지러이 춤춘다

좀 더 침묵하고
침묵의 눈을 들여보아야 하리

어둠 속에서 느끼는 심장 소리
들릴 듯 말 듯 들숨과 날숨
무엇보다 사랑을 전하고 싶은
간절한 너의 눈빛에 마음 기울여야 하는 것을

침묵만이 침묵을 들을 수 있기에

2부

슬플 땐 슬픈 노래를 들어요

저물도록 향기 피우다

돌아올 줄 알면서
떠나는 파도를 미워하지 마세요

이내 허물어질 모래성을
쌓고 또 쌓는 어린 손을 어리석다 마세요

오지 않을 사람을
내내 기다린다 하여 미련하다 마세요

이별의 눈물이 마르기 전
그리워하는 마음을 탓하지 마세요

가슴의 뜻을
머리로 헤아릴 수 없으니까요

모두 돌아선다 해도
나를 기다리는 단 한 사람으로
저물도록 향기 피우는 저 꽃을 보아요

슬플 땐 슬픈 노래를 들어요

슬플 땐 슬픈 노래를 들어요
삶의 노래엔 저마다 슬픈 곡조가 있지요
슬픔 없는 삶은 없을 테니까요

눈물 마를 때까지 걸었던 길과
걸을수록 멀어져 가는 슬픔에 대하여

고난과 역경을 헤쳐왔던
이야기에 가만히 귀 기울여요
손잡아줄 누군가를 떠올려 보아요

슬픔은 슬픔으로 끝이 아니라는 것
구름 걷히고
보다 높아져 있을 하늘을 그려요

이런 슬픔이
비단 나만의 것이 아니라는
그의 노래를 들어 보아요

슬픔을 위로하는 슬픔은
슬픔이 아니라는 그의 노래를 흥얼거려요

슬플 땐 나보다 더 슬픈 노래를 들어요
눈물을 달래주는 눈물은
눈물이 아니라는 그의 노래를 곱씹어 보아요

이제야 알았네

이제야 알았네
그토록 찾던 것들이
내 안에 모두 있었다는 걸

길을 몰라 헤매고 방황하다
덧난 상처에 피 흘리고야 알게 되었네
이제야 알았네
시련 속에도 땀을 훔치며 해를 보던 순간이 있었다는 걸

거미가 제 길을 만들어 가듯
오늘의 족적이 내일의 길이란 것을
이제야 알았네
내일은 오늘의 결실이란 걸

길이 끝나는 시점에 되돌아보니
숨 가쁘게 걸었던 길에서 꽃도 새도 보았던 것을
이제야 알았네
그토록 찾던 것을 이미 가졌다는 걸

길에 차려진 무수한 보물을 그냥 지나쳤다네
이제야 알았네
나를 넘어지게 한 저 모난 돌마저
내 삶의 보배란 것을

안개 속에서

안개 속에서는
그 모든 것이 아름답게만 보여

안개 속에서는
험한 산도 거친 물살도 부드럽게만 보여
강도 산도 하늘도 경계를 지우고
좋지 않은 기억까지 뽀얀 안개에 가려지는 것을

돌아갈 수만 있다면
안개 속에서 너를 다시 만나고 싶다
그날 왜 그렇게 하였는지
멀리서 보면
그리 나무랄 일도, 이해 못 할 일도 아닌 것을
안개가 파도처럼 밀려오는 길목에서
지난날을 돌이켜 본다

안개 속에서
맑은 날 느낄 수 없는 고요함으로
내 안에 너를 앉히고 싶다

안개와 함께 거두어지고 말 것에 대하여
이내 사라질 것에 대하여
아무것도 아니라 말하고 싶다

사랑으로 채우다

지난날의 부끄러운 흉터
누가 볼까 얼른 감추었습니다
그 안에 채워질
사랑의 깊이를 몰랐기 때문입니다
움푹 파인 상처가
사랑을 받는 그릇인 줄 몰랐습니다
상처가 깊고 클수록
사랑이 더하여진다는 것을
고통만큼 부어질 사랑을 알지 못하였습니다
시련과 눈물도
또 다른 날의 약속인 것을
그런 당신에게
지금까지의 허물을 모두 내어놓았습니다
내 누추한 곳, 부족한 곳으로
오실 당신을 생각하니
영혼까지 차오르는 기쁨을 누립니다

나는 생각한다

봄꽃을 보며 나는 생각한다
마른 꽃대에 봄물 오르듯
전신을 흐르는 혈맥의 문이 열리고
그 길의 끝에서 언제나 기다리는 너를

이팝나무 하얀 꽃비를 맞으며
그리운 순간을 그려 본다

한때 사랑으로 일생이 향기로운 꽃처럼
아름다운 기억의 씨앗들은
저마다 빛으로 향으로 피어나고
우리는 또 그러한 추억으로 살아갈 수 있으니

폭죽 터지는 이팝나무 아래 서서
소나기에 젖듯
속사포 같은 너의 사랑에 흠뻑 빠져
한동안 길을 잃어버리고 싶다

순간으로 영원을 살고 싶다

시소게임

누군가 헤어진 곳에서 누군가는 만나고
누군가 울던 곳에서 누군가는 웃고

네가 오른 만큼 나를 내려야 하고
내가 취한 만큼 너는 잃어야 하는
인생은 끝없는 시소게임

누군가 승리의 환호를 지를 때
누군가 힘없이 고개를 떨구고
지구 한편에 정오의 만찬을 즐길 때
지구 저편에 허기진 아이의 울음소리

낮은 곳을 찾아가는 저 강처럼
신은 우리에게 굽힐 수 있는 무릎과
다가가는 두 발과
맞잡을 수 있는 두 손을 주었다

내어줄수록 뜨거워지는 가슴까지도

너에게

가난하여도 가난하지 않은 생각으로
추울수록 따스해지는 열기로
식은 가슴 하나쯤 품었으면 좋겠다

보이지 않는 것을 헤아리는 눈과
허물을 어루만지는 손이었으면 좋겠다

바람 없는 길은 없는 것
그 길에 숨은 발자국을 잊지 않았으면 좋겠다
웃음에 가려진 울음을 들었으면 좋겠다

지금은 잠들어야 할 때
아직 하루를 보내지 못한 핏발 선 눈동자를 생각할 때
길은 길을 찾으려는 사람에 의해 만들어진다는 것과
수많은 길 앞에서
길이 없다고 울지 않았으면 좋겠다

밤하늘에 별빛이 뚜렷하고
칠흑 바다에 등댓불이 더 멀리 간다는 것을

더불어 살아가는 세상에
결코 혼자가 아니라는 사실을 네가 알았으면 좋겠다

날마다 울음 우는 새

날마다 울음 우는 새
그 슬픔 달래려 하늘은 산마다 무지개 놓고
바람은 달콤한 향기로 입맛 도우지만

제 눈물에 젖어 날지 못하는 새
그 눈에 보이는 세상은 온통 먹구름뿐이라
한 치만 올라 보아도
놀랍도록 밝을 세상이 아니런가

제 슬픔에 겨워 그를 알지 못하는 새
세상만 탓하며 자랑하던 깃털마저 짐이라 여기며
키 낮은 가지에 주저앉아
서럽게 서럽게 울고만 있네

제 설움에 갇혀 다른 울음을 듣지 못하는 새
눈도 귀도 마음마저도 동떨어진 듯
저 홀로 돌아앉아
외로이 외로이 울고만 있네

뒷모습

돌아서고야
볼 수 있는 참모습

마주할 때 알 수 없던 진심과
함께할 때 느끼지 못한 너를
나는 알게 되었어

사람이 떠난 후
그 자리가 커지는 것은
그가 남긴 꾸밈없는 얼굴 때문이야

떠난 자는 알 수 없으나
남은 자의 가슴에 뚜렷이 새겨진 모습

그의 숨결과 체취, 다정한 목소리
아무도 손댈 수 없고
바꿀 수도 없는 오직 그만의 것

끝내 밝히지 않은 삶의 긴 이야기
페르소나에 가려진 진실을 읽는다

어제의 내가 아닙니다

어제의 내가 아닙니다
달라져 가는 내 모습이 보이시나요
몰라보게 변한 건 아니어도
전환의 길로 뚜벅이 나아가고 있지요

굴곡진 인생길에
오르막의 고단함도 내리막의 서글픔도 있지만
평평한 길의 무료함을 떨칠 수 있으니
이 또한 흥미로운 일이지요

멀리 있어도 가까운 사람과
곁에 있어도 멀기만 한 사람도 있지요
모두가 긴 여정을 함께하는 길동무지요

때로는 절정의 꽃보다
꽃 진 자리가 향수를 불러일으켜요

아주 헤어지기까지 그 사람을 말하지 마세요
미움으로 보내도 시간 흐른 후
폭풍처럼 밀려오는 그리움도 있으니까요

생전 떠오르지 않는다고 무슨 문제인가요
문득 생각하면 웃음 지을 수 있는
그런 사람이 좋아요

내 안에 내가 아닌 내가 있어요

무슨 소용 있으랴

내게 신화와 같은 일이 일어난다 해도
느끼지 못하면 무슨 소용 있으랴
기적과 같은 순간이 주어진다 해도
붙잡지 않으면 무슨 소용 있으랴
음악이 아무리 흥겨워도
춤추지 않으면 무슨 소용 있으랴
날마다 베풀어지는 행복의 파노라마
창을 두드리는 바람과
아침을 깨우는 새들 노랫소리
숲의 향기를 모두 내어준다 해도
누리지 못하면 무슨 소용 있으랴

보내면
오지 못할 오늘 아닌가
떠나면
만나지 못할 당신 아닌가

안개꽃

꽃으로 꽃을 노래하는 꽃
꽃이라 하기에 너무 수줍어
향기마저 숨어 드러내지 않는 꽃

네 웃음이 내 기쁨 되고
너만 아름다울 수 있다면
너의 배경이라도 되어주고 싶은 꽃
여느 꽃이라도 손잡고 어울리는 꽃

꽃을 꾸미느라
자신이 꽃이란 걸 까맣게 잊고 사는 꽃
조화로운 빛과 향기로
꽃으로 꽃을 노래하는 꽃
드러나기를 주저하는 겸손의 꽃

꽃이라 부르면
선뜻 대답하지 않을 너를
꽃 중의 꽃이라 부르고 싶다

겨울 강가에 봄은 오는데

겨울 강가에 물새 한 마리
무리를 잃은 줄도 모르고
한갓지게 돌아앉아 해를 모은다

겨울 강가에 물새 한 마리
시린 깃털로 바람을 안는다
겨울이 차가운 건 바람이 아니었음을

바람도 잠든 겨울 강가에
물결 따라 메타쉐콰이어 길을 만들고
피라칸사스 열매는 붉디붉고 잎은 푸르고
마른 가지 씨눈에 이른 봄소식
봄은 저 멀리에서 오는 것이 아니란 것을

날이 매섭다 하여도
삶이 힘겹다 하여도
녹녹지 않은 하루가 무거워도
강물은 흐르고 건널목 기차는 달리고
사람이 다정한 길 따라
봄은 수레 가득 꽃을 싣고 온다는 것을

너도 참 고맙구나

뙤약볕에 녹음으로 화답하는 나무
뜨거울수록 무성해지는 잎으로
그러한 나무를 식혀주는 소나기
너도 참 고맙구나

폭염을 사르는 백일홍
꽃보다 향기로운 건 사랑이라며
사랑을 노래하는 새
너도 참 고맙구나

오늘이 힘겨운 사람
좀 더 쉬었다 가라며
먼 길 달려오는 바람아
너도 참 고맙구나

사막에 꽃을 심는 사람
참된 인내와 용기에 대하여
혹독히 일러주는 태양아
너도 참 고맙구나

시간의 바퀴는 멈추지 않는다

시간을 따라
끝 모를 길을 가고 있는 우리는
어디로 가는지
어디까지 가는 건지
정작 시간에 대해 아는 게 없어

먼저 떠나는 사람이 아픈지
남은 사람이 더 괴로운 건지
그조차도 가늠하기 어려워

짧은 만남이 아쉬운 사람과 긴 이별이 서러운 사람
그리움을 두고 갈 때와 먼저 보내야 할 때도 있어

설령 헤어진 사람을 만나지 못할지라도
함께한 모든 것들은
그대란 이름으로 남아있다는 것을

그대여
행여 삶이 그대를 놓치더라도 원망하지 않기를
시간의 바퀴가 이르게 닿아
좀 더 오래 기다릴 뿐이니

그대가 후회하는 지금도
시간의 바퀴는
쉼 없이 돌아가고 있다는 것을

길 위에서

홀로 길을 걷습니다
하지만 길 위에선 누구나 혼자가 아니랍니다
혼자라 여기던 길에서
이 길을 다녀간
수많은 사람을 만나게 되니까요

홀로 걷는 길에서 지금 만나는 사람보다
더 많은 사람을 마주하게 됩니다
근심으로 길을 서성이는 사람과
왔던 길 되돌아가는 사람
앞만 보며 걸어가는 사람
벅찬 마음으로 행복과 기쁨을 전하는 사람을 봅니다

그들의 발자국을 보며
오늘 내가 걷는 길 위에
나는 어떠한 발자취를 남겨 놓을지

훗날 사람들은 이 길을 걸으며
오늘을 두고 무슨 이야기를 하고 있을지
걸음마다 담겨질 의미를 헤아립니다

바람이 분다

바람이 분다
산도 강도 구름도 새도
그 무엇도 바람을 피할 길은 없다

바람을 버티지 못한 나무
다수는 패이고 쓰러지고
바람보다 야윈 가지는 휘고 꺾어져 간다

바람이 부는 것은 나무를 무너뜨리기보다
단단히 세우기 위한 것이었음을

바람을 타는 파도에
모난 바위는 깎이어 무뎌져 간다
하지만 피 흘린 상처를 어루만지는 것도
바람인 것을

바람을 지나온 사람은 말한다
사람을 키우는데 바람만 한 게 없더라고

마음의 돌기가 뾰족하다
또다시
바람이 몰아쳐 온다

노을

하늘이 붉게 타오른다
해의 열기가 식기 전
남은 생을 모두 태워라
내 생애 이토록 아름다운 적 있었나

기나긴 여정에
길을 가로막던 소나기도 휘몰아치던 바람도
손잡아야 할 친구인 것을

떨어지는 꽃송이도 벌레 먹은 이파리도
내 젊은 날의 결실인 것을

거둘 것 없어도
가을이라 행복하였다

비록 초라한 삶이라 해도
저물어가는 길에 떠오르는 사람 있다면
황혼 길에 홀로 웃음 지을 수 있다면

버스를 타기로 해요

곧고 빠른 길보다 산허리 휘돌아가며
눈 맞추고 손 흔드는 곳이 정류장이라
어귀마다 쉬어가는 버스를 타기로 해요
잘 뚫어진 직선의 길보다
흙먼지 풀썩풀썩 자갈돌 울퉁불퉁
툴툴대는 느린 길을 가기로 해요

격식을 차리기보다
흙먼지 묻은 손 잡아 보아요
예정된 만남보다
우연한 마주침이 가슴 뛰어요
낯익은 길보다
초행길이 흥미로워요

무덤덤한 일상이 달라지길 원한다면
작은 것이라도 바꿔 보아요
눈앞에 펼쳐질 하루를
마음 가는 데로 그려 보아요

바람 없는 곳

바람은 남은 잎마저 떨어뜨리고
지금 나에게 남은 건 아무것도 없습니다

한때 이런 날을 꿈꾸었지요

나를 구속하지 않는 곳으로
새와 같이 훨훨 자유로이

하지만 파도가 사라진 바다가 적막하듯
바람 없는 들판에 서니
텅 빈 거리의 낙엽처럼 헛헛합니다

사랑에 다치고 세상 문을 모두 걸었습니다
고요 속에 강도 흐름을 멈추었고
고인 물가에 새도 찾지 않았습니다

봄을 데려오는 것도 겨울인 것을

나를 해치는 바람인 줄 알았는데
그 바람으로 내가 사는 줄 몰랐습니다

바람이 허리를 일으킬 때
못 이기는 척 몸을 맡겼지요
무척 기다렸으나 내색은 하지 않았습니다

언어의 힘

외로우면 외롭다고 아프면 아프다고
너는 네게 모두 말하라 하지만

생각이 언어가 되는 순간
무형이 유형을 만들고
너는 또 나를 볼 때마다 그 언어를 떠올리겠지

무엇보다 나는 내가 꺼낸 언어의 견고한 틀에
꼼짝없이 가두어진다는 것을

행복 기쁨 사랑 오월을 말할 때
입가에 웃음이 돌고 세상이 환하듯
슬픔 눈물 이별을 말할 때
세상은 우울하고 어둡게만 보여

이제부터 나는
내가 이루고자 하는 대로 말하려고 해
부르는 대로 이루어지는 것과
떼려 할수록 떼어지지 않는
자성 같은 언어의 힘을 아니까

가을에 스미다

창틈을 파고드는 바람과
풀벌레 울음소리와 짙어 가는 국화 향기에
가을이 깊어가는 게 아닙니다

두텁고 길어진 옷소매와
짧아진 해를 아쉬워하는 해바라기
먼 길 서두르는 새들의 날갯소리에
가을이 깊어가는 게 아닙니다

함께 있어도 혼자인 듯한
무언가 잃은 것 같아 주위를 두리번거릴 때
허전한 생각에 왔던 길 되돌아갈 때
나의 발등에 떨어진 가을을 보았습니다

멍하니 하늘을 보다 이유 없이 눈물지을 때
약속 없는 거리를 낙엽처럼 서성일 때
가을에 스며든 나를 보았습니다

오륜대

바람도 구름도 새도 키를 낮추어 가는 곳
기골의 산도 바람 앞에 몸을 낮추었다

길은 사방으로 열렸고
길을 막는 것은 아무것도 없었다

자유가 자유를 막지 않는 곳

자유는 책임을 지고 온다지만
서로의 책임에 대해 말하지 않는다

새는 오르되 지칠 만큼 나아가지 않는다
바람은 불어오되 숲을 해치지 않는다
꽃은 피어나되 햇살을 가리지 않는다

한 잎 들추어 보면
너와 나
남이 아닌 것을

너로 내가 있고
나로 네가 살아갈 수 있다는 것을

사랑의 시원에 목을 축이며 사는 우리
서로 사랑할 수밖에 없었다

자유가 자유를 막아서지 않는 이 땅에서는

우리의 약속

너 떠난 지 어언 칠십여 년
꽃 진 자리에 꽃의 향기로 피어났다

죽음도 두렵지 않던 청춘의 패기는
이 땅에 자유의 굵은 뿌리가 되었다

사지의 이역만리 아들을 떠나보낸 어머니
흘리지 못한 눈물은 사철 비가 되었다
꿈마다 불러보던 이름이여

눈물과 혈흔에 녹슬어버린
이름도 지워진 군번표를 묻으며
맹세한 우리의 약속을 생각한다면
자유의 품에 나를 묻어다오
전우의 마지막 소원이었다

묘역을 떠도는 소리 없는 외침
평화의 깃발로 창공을 펄럭인다

두 발 벋은 이곳이 네 고향이라
내, 너를 지켜주마
내, 너의 뜻을 잊지 않으마

3 부

당신께 가을을 전합니다

당신께 가을을 전합니다

중천의 열기가 남았습니다
긴 여름을 견뎌온 당신께 고마움을 전합니다

태양을 벗 삼은 배롱나무처럼
삶의 가파른 고비를 지나
가을 문턱을 오르니 참으로 대견한 일입니다

기쁨보다 슬픔이 많은 삶이라지만
작은 일에 크게 웃는 당신을 보며
운명이란 스스로 만드는 것이란 걸 알았지요
기뻐서 웃기보다 웃음으로 더 기쁜
눈동자는 아이같이 맑아요

메마른 우물에서 희망을 건져 올리는 손
진정한 승리는
그런 사람의 것이란 것도 알았습니다

이렇게 소중한 걸 알려주신
당신께 가을을 가장 먼저 전합니다

을숙도에서

새를 찾아
새가 온다는 섬으로 갔으나
내가 찾던 새는 그곳에 없었다

당신을 찾으려 했으나
빈 들판에 바람만 안고 돌아서야 했다

강물은 흘러
나도 중년의 자리를 떠나려 한다
물줄기는 대양을 벋어가도
그대 향한 마음 흐르지 못해
층층이 고여 늪이 되었다

벗어나려 할수록 깊이 빠져드는 늪

돌아오지 않는 새를 기다리는 황혼의 갯벌처럼
갈바람에 울어대는 억새처럼
물소리에 흔들리는 갈대처럼

기다림으로
일 년을 하루 같이 살아가는 나의 을숙도

장미가 향기로운 건

장미는 누군가 향기를 말할 때까지
자신의 향기를 알지 못해

사람들의 사랑스러운 표정과 눈빛을 보며
내 향기가 얼마나 아름다운지 알게 되는 것을

누구라도 느끼는 향기라지만
내가 지닌 향기를 정작 나는 맡을 수 없어
향기는 처음부터 나를 위한 게 아니었으니

사람들의 미소에 아름다워지고
우울한 표정에 이내 시들고 마는

장미가 향기로운 건
향기로운 사람 때문인 것을

내가 사랑스러운 건
당신 때문인 것을

또 하루를 저에게

또 하루를 저에게 맡겼습니다
먼 길을 위해 신을 묶었습니다
선을 행함에
주저하지 않는 삶이어야 한다고 다짐합니다
선한 생각이
잘 익은 감물처럼 속속 물드는 가을입니다
나를 용서하듯
타인을 너그러이 볼 수 있었으면 합니다
들꽃이 아름다운 건
모두가 지나치는 길을 택하였기 때문이지요
길을 재촉하는 바람
강물 부서지는 소리
돌과 돌이 부딪히는 소리
모난 마음을 다스리는 시련을 고통이라 할 수 없지요
한 계절을 맞으려 또 한 계절을 보내야 합니다
더는 외로운 사람이 없어야겠다는 생각에
강의 걸음이 빨라집니다
당신이 맡겨놓으신 오늘입니다

당신을 알고

당신을 알고
만난 건 외로움이었습니다
많은 사람 속에 홀로 인 나를 보았으니까요

당신과 가까울수록
낮은 소리에 마음 기울고
풀잎의 서걱거림에 촉각을 곤두세웁니다
햇살에 사라질 이슬 한 방울의 의미와
높고 견고함이 지닌 연약함과
삼켜야 할 눈물이 더 많은 것도 알았습니다

생존을 위한 삶은 가련하지만
하늘을 응시하는 눈동자는
별보다 눈부신 것도 알았습니다

당신은 만날 때마다 준 것 없다 말하지만
당신이 이루어놓은 우주에서
나는 이렇듯 살고 있습니다

나의 적은 나였다

이윽고
경기를 알리는 심판의 호각이 울리고
나는 나보다 덩치가 크고
단단해 보이는 상대와 맞서야 했다
두려움과 불안감이 앞섰다
전신의 맥이 빠지고 불끈 쥔 주먹에 땀이 흘렀다
할 수만 있다면 뒤돌아가고 싶었다
하지만 더는 물러서지 않았다
온 힘을 다해 맞부딪혀 보기로 하였다
나는 지금 적과 싸우는 게 아니다
안된다고 겁먹고 물러서는
나 자신과 정면으로 맞서 싸우는 것이다
살면서 언제나
나를 가장 힘들게 하는 건 나였으니까
나를 무력하게 하는 건
하기도 전에
할 수 없다고 단정 짓는 두려움이었다
실패감이었다
나의 큰 적은 네가 아니라
바로 나였으니까

가을꽃

꽃을 보러 꽃보다 많은 사람이 모였습니다
아름다움은 영원하지 않기에
꽃 지기 전 꽃을 담으려 합니다
절정의 기쁨은 찰나에 지나지 않으니까요

이루었다 할 때가 놓아야 할 시기라는 것을
채우면 비우는 게 자연의 이치라지요

갈바람에 코스모스 지고
꽃 진 자리에 그 꽃향기가 있지요

가을은 바람의 계절
바람 부는 데로 꽃씨가 흩날립니다
지금은 삭막한 길일지라도
언젠가 꽃들의 환한 웃음소리 들리겠지요

씨앗의 숨결이 차가운 땅을 데웁니다
이제 기다리는 일만 남았습니다
헛된 기다림일지라도
기다림은 혹한의 날도 견딜 수 있으니까요

그대는 나에게

그대는 나에게
아름다움을 보는 눈과
가려듣는 귀와
부드러움을 느끼는 혀를 주었지요

하지만
눈과 귀는 분별을 잃어
취하고 버려야 할 것을 가리지 못하고
혀는 달콤함에 이끌리어
진실을 잃은 지 오래입니다

그런 내가 안타까운 당신은
햇살과 속살 같은 바람으로
때로 천둥과 번개로 나를 일깨웁니다
당신으로 긴 잠 깨어날 수 있었습니다

그대와 함께하니
나를 가리던 그 모든 것 안개처럼 거두어지고
내 앞엔 눈부신 태양의 길만 남았습니다

지금 나는
폭풍도 잠재우는 그대에 속해 있으니까요

다시 그럴 수 없는 것처럼

웃음과 눈물이 묻힌 이 길을
다시 걸을 수 없는 것처럼
머리를 쓸어 넘기는 바람의 손
다시 만질 수 없는 것처럼
어서 오라 부르는 백합의 향기
다시 느낄 수 없는 것처럼
무심코 맞이하는 아침
다시 마주할 수 없는 것처럼
한번 떠난 파도를
다시 만날 수 없는 것처럼
너와 나의 사랑
다시 이루어질 수 없는 것처럼
내일이 오지 않을 것처럼
오늘을 살아가는 것

매 순간
기적과 같은 일에 가슴 설레며
정오의 장미처럼 뜨겁게 나를 태우는 것
다시 그럴 수 없는 것처럼

아침의 기도

구름도 비켜 가는 가을입니다
지렁이가 젖은 길을 찾아가는 아침
나의 발길에 다른 생명이 길을 잃지 않게 하소서
목발에 기대어 비틀거리는 걸음
그의 위태로움을 지나치던 나의 무심함을 용서하소서
아무렇지 않게 하던 말들이
누군가를 눈물짓게 할 줄 몰랐습니다
타인으로 아플 때
나로 아팠을 사람을 생각하게 하소서
날마다 용서받는 나
남을 용서하기를 주저하지 않게 하소서
본디 내 것은 없는 것
결핍한 사람을 위해 좀 더 가진 자가
해야 할 일이 산처럼 쌓여가는 아침입니다
오늘이 가기 전 그들의 가슴을
내가 받은 사랑으로 채우게 하소서

어떠한 눈으로 보는가

같은 날 같은 자리에서
같은 꽃을 보아도
저마다 느낌이 다르다는 것을

그날의 마음과
지금까지 지나온 이런저런 일들이
저 나름의 생각을 만들기 때문이다

그러니 같은 꽃을 두고 서로 다른 말을 할지라도
설사 그것이 진실과 멀어 보일지라도
거짓이라 하지는 못할 것이다
느낌마다 지나온 삶이 묻었기 때문이다

사랑의 눈엔 모두가 사랑스러워도
미움의 눈엔 꽃향기마저 밉게만 보여

꽃향기가 미워질 때
미운 건 꽃이 아니라 내 마음인 것을
상처 난 나를 돌보아야 한다는 것을

바람에 대하여

고요한 날엔 몰랐다
삶과 같이하는 바람에 대하여
평온한 날도 몸을 낮추었을 뿐
잠시도 떠나지 않는 바람에 대하여

어둠을 뒤척이는 소리, 잠자는 창을 흔드는 손
때마다 다른 소리로 응답하는 바람은

바람보다 크게 웃는 아이들
바람을 잡으려는 손에 바람개비가 돌고
바람을 따라 달려가는 아이들
아이는 바람의 둘도 없는 친구가 된다

바람 없는 삶이 어디 있으랴
잠잠하기만 한 바다가 어디 있으랴
계절은 바람으로 왔다 바람으로 가는 것을

삶의 길에 수많은 바람을 만났다
소소리바람에 몸을 떨었고
폭풍우에 휘청이며 걸음을 멈추기도 하였다

바람의 길을 걸어가는 사람들
바람이 지나간 길
길은 분명 어제와 달라져 있다

이제 어떠한 바람을 만날지라도
되돌아가는 일은 없을 것이다
변화를 주저하는 삶
진정 살아 있다 하지 못할 것이니

어느 날 돌아보면

구름 걷히니 햇살 숲이 있고
그 길은 꽃과 나무가 무성한 곳
길 끝에는 물이 흐르지 않는 습지의 늪
등줄기에 부는 바람이 서늘하다
한숨 돌리니 또다시 위태로운 산

한 걸음 옮길 때마다
도무지 알 수 없는 내일에 대한 두려움보다
내 앞의 길에 집중할 수밖에 없었다

살다 보면 한 모금 물과 한 줄기 햇살에
눈물 쏟을 때가 있다는 것을

다시 가지 못할 길이지만
눈물로 얼룩졌지만
어느 날 돌아보면 그 길이 아름다웠노라
힘겨운 그 날이 몹시 그립다
추억할 때가 있다는 것을

풍성한 삶

하나를 가지면 하나 근심이 따르고
열을 가지면 열 가지 염려가 따르는 것을

가진 만큼의 근심과
이를 다스리는 수고가 있다는 것을

만족은 찰나의 것
만족은 더 큰 만족을 원하니
가진 자나 못 가진 자나
결핍을 앓기는 매한가지

열을 가지고도 모자란 사람과
하나로 절반을 나누는 사람

부유하여도 가난한 자보다
가난하여도 가난하지 않은 자의 삶은
참으로 풍성하여라

청사포에서

내일이면
내일의 해가 뜨는 청사포로 가련다
새벽안개 걷히면
잠든 수평선에 불면의 배 한 척
거친 삶 묵묵히 일구어가는 곳
바다와 하늘이 정을 나누는 곳
밤이면 별을 벗 삼고
아침이 밝아오면
또 다른 날을 꿈꾸어가는 청사포에서
참솔 바람 간지러운 해변가
담장 낮은 마루에 걸터앉아
소금 바람 반주 삼아
들뜬 파도 소리에 취하여
너랑 젊은 한때 이야기로
열흘 밤낮 꼬박 새우고 싶다
그리워하기보다
오래 그리울 날을 보내고 싶다

오래전부터 기다리던 당신

젖은 거리를 나섰습니다
예고 없는 소나기에 하늘을 원망하였습니다

미움의 화살은 외부를 향하지만
다치고 피 흘린 건
예리한 날을 움켜쥔 손이란 걸 몰랐습니다

보이지 않는 게 사람의 마음이라
마음의 불신은 걷잡을 수 없이 커져
지금 내 앞엔 두텁고 견고한 벽만 남았습니다

내가 쌓은 벽 속에 나를 가두고
세상 벽이 턱없이 높다 투덜거렸습니다

벽돌을 하나씩 들어낼 때마다
드러나는 창백한 얼굴
마침내 벽은 허물어지고 우린 만날 수 있었습니다

벽을 무너뜨린 건
내가 아니라 벽 너머에서
오래전부터 기다리던 당신이었습니다

이 밤 비는 내리고

이 밤 비는 내리고
비를 따라 떠나는 발길이 서럽다

한나절 소나기에 헌 종이짝처럼
풀썩 내려앉은 반지하 방
햇살도 빌려 사는 곳이라지만
주려도 마음만은 궁색하지 않던 곳
아이의 웃음소리
고된 삶을 버티게 하였다

하나씩 지어가던 꿈
삽시간 폭우에 지워져 버렸다
가난은 불편일 뿐이라며
차곡히 쌓던 희망의 탑은
냉엄한 현실 앞에
여지없이 무너져 내렸다

이 밤 비는 내리고
빗소리에 가려진 울음을 듣는다

신이여
오늘 울음 우는 자
다시는 슬퍼하지 않도록 하여 주소서

마지막 기도

내게 단 사흘간의 날이 주어진다면
먼저 나를 기도할 것이다
생각만으로 행복한 날을 곱씹으며
눈물 나도록 크게 웃어보리라
그러한 날에 감사하리라

나를 아는 사람을 기도할 것이다
나누었던 일상 중
모르고 지나친 일과 남모를 상처에
용서를 구하리라

만나지 못한 사람을 기도할 것이다
나누지 못한 아쉬움과
다시 만나는 날
그 몫까지 더하여 사랑하겠노라
다짐할 것이다

무엇보다 진정한 삶은
이제부터라 힘주어 말할 것이다

오늘 걸어가는 길

오늘 걸어가는 길
수많은 발자국이 묻혀있는 곳

누군가 웃던 길에 누군가는 울고
누군가 만난 길에 누군가는 이별하고
누군가 떠나고 누군가는 보내야 했다

누군가 넘어진 길에 누군가는 일어나고
누군가 헤어진 길에 누군가는 돌아올 사람을 기다린다

산다는 건 저마다 길을 찾아가는 것
사람이 가는 곳으로 길이 만들어지고
또한 길이 사람을 만들어 가는 것을

변하여 가는 삶 속에
어제와 같은 길은 없었다

오늘 내가 걸어가는 길
걸음 따라 내 삶도 달라져 가는 것을

우리는

우리는
만남이 이루어지는 바닷가에서 이별을 생각하고
침묵의 갯벌에서 목청 세우고
사랑을 노래하는 윤슬을 보며 서로를 미워하였다

물결이 낮추어 갈수록
하나씩 드러나는 크고 작은 바위섬
더없이 평온한 바다도 말 못 할 사정이 있건만
바람 같은 삶이야 무슨 말을 하리

돌아오는 길
지는 햇살이 부시어 눈을 감았다
화합의 수평과 지평 앞에서
서로를 말할 수밖에 없는 우리는
잦아드는 노을 속에 멍하니 서 있었다

으스름 저녁이면 집마다 가물거리는 연기
작은 바램들이 길게 피어난다
아린 가슴 매만지는 밤이면
바다는 바람을 베고 깊은 잠에 빠져든다

양면의 법칙

산이 높으면 골이 깊고
강이 깊으면 물결이 고요하듯

양지 뒤 음지 있고
맑은 날 지나면 흐린 날 오고
웃음 있으면 눈물지을 날도 있으니

그대여
오늘에 웃고 울지 마라
오늘은 머물지 않아
어제와 내일이 지나는 길일 뿐이니

좋은 날 슬픔을 위로하고
슬픈 날 그러한 것이 크나큰 위안되니

신은 서로를 느껴보라
양면을 오 가도록
그리 만들어 놓으신 것을

지금은 돌아가야 할 때

지금은 돌아가야 할 때
나무는 하나둘 옷을 벗는다

굶주림을 모르고야 한 끼의 감사를 어찌 알겠고
한파에 떨지 않고야 한 줄 햇살에 눈물지을까

미운 생각을 돌리기까지 오랜 시간이 필요하였다

맺기 위한 봄이었다면
비워야 할 겨울도 있다는 것을
내게 필요한 것은 사계절이었다

지금은 돌아가야 할 때
가을 산이 아름다운 것은
겨울의 쓸쓸함을 알고 있기 때문이다

이별의 순간을 생각한다면
사랑스럽지 않은 것이 무엇이던가
이해하지 못할 것이 그 무엇이던가

진정 몰랐습니다

신이여 얼마나 더 견뎌야 합니까
나는 오늘도 고통을 피하려
사방 커튼을 치고 문을 걸었습니다

발길이 오가는 거리는 분주하지만
날카로운 경적소리는 길의 의미를 바꾸었습니다
덧난 상처는 나을 줄 모르고
또다시 피 흘릴까
세상과 동떨어지기를 꿈꾸었지요

그러나 막상 혼자가 되면
이슬 젖은 산새처럼 아침이 돌아오기를 기다립니다

사랑이 그리울 때 내가 사랑이어야 하듯
혼자라 느껴질 때
나의 사랑을 돌려주어야 할 때란 것을

지금이 바로 그때인 줄 몰랐습니다
뒤늦은 뉘우침에 용서를 구합니다

사막의 별이 된 사람

사풍과 작렬의 태양뿐인 모래땅에
한 줌 꽃씨를 심었네

남모를 땀과 눈물은 강이 되어
불모의 땅에 꽃을 피웠다네

꽃은 사랑과 정성을 먹고 자란다네

한번 피면 시들지 않는 꽃
역경에 피어난 꽃이라 생명이 남다르다네

그 향기 사막의 고비를 넘나든다네
굶주림과 가난뿐인 땅에 사랑의 밭을 일구었네

꽃송이 송이 맺힌 날
홀연히 하늘의 부르심을 받은 천사

밤하늘 유난히 밝은 별을 보았네
다시 찾아온 그를 사막의 별이라 부른다네
밤이 깊을수록 빛나는 별이라네

바람에 피어나는 꽃

우주의 어느 한 별에서 내게 오신 이여
바람에 피어나는 꽃이여

멀리 있어도 만질 수 없어도
세 푼 바람에도 당신을 느낄 수 있었습니다

빛으로 오신 이여
실로 내 삶이 어둡고 막막할 때
당신으로 일어날 수 있었습니다

이름을 모른다 하여 잊히지 않는 꽃처럼
볼 수 없다고
함께하지 않는 건 아니랍니다

혹여 외로워지면 웃음 주려고
또 다른 모습으로
내 앞에 불쑥 나타날 테지요

바람에 피어난 꽃이라 하여도
바람은 꽃을 데려가지 못합니다

꽃은 이미 알고 있지요
바람도 지우지 못하는 향기에 대하여

4부

길을 잃고 길을 찾다

길을 잃고 길을 찾다

늘 가던 길을 걸었다
막다른 골목을 접어들었을 때
한 길만 고집하던 나는 몹시 당황하였다

이 골목 저 골목 한참을 기웃거리다
해거름이 되어서야
낯익은 길을 찾아내곤 안도의 숨을 내쉬었다

그날 나는 알게 되었다
내가 다니던 길을 비켜나니
지금까지 모르던
또 다른 길이 무수히 있다는 것을

길을 잃지 않고는 알 수 없는 길
길을 잃고야 길을 찾았다

살면서 길을 잃고 울었던 날들
길이 없다 고민하던 날들이
새 길을 찾기 위한 시간이었던 것을

길을 잃지 않고는
도무지 길을 찾으려 하지 않기에

낙화

보고 싶다는 것과 잊고자 하는 것은
같은 마음이라는 것을

한때 사랑한 사람을
죽도록 미워한 적 없었나

미움의 자리에
그리움보다 더한 마음이 있을 줄이야

꽃을 해치는 바람도
사랑의 또 다른 표현이었던 것을
내 사랑도 그러하려니

그런 너를 잊으려 하기보다
그리웠다 추억할 수 있기를

절정의 꽃보다
낙화의 순간이 더 아름다운
벚꽃 비를 맞으며
나는 너를 생각한다

그런 까닭입니다

가을 하늘이 드높은 것은
나의 소망을 아는 까닭입니다
단풍이 맑고 깨끗한 것은
고운 마음 비추는 까닭입니다
갈대가 눈부신 것은
가을의 약속을 알고 있는 까닭입니다
들꽃이 향기로운 것은
이 길의 발자국을 기억하는 까닭입니다
당신의 눈동자가 사랑스러운 것은
그 안에 내가 있는 까닭입니다
저 산이 붉어지는 것은
당신이 몹시 그리운 까닭입니다
강물이 흘러가는 것은
우리의 기다림을 아는 까닭입니다
한 계절이 가는 것은
한 계절이 돌아오기 위한 까닭입니다

부르지 않아도
찾지 않아도
가을은 저마다 의미를 지닌 채
우리에게 한 걸음씩 다가옵니다

말에 향기가 난다

말에 향기가 난다

꽃이라 말하면
동그랗게 오므린 입술 사이
꽃향기가 솔솔 피어나고

사랑이라 말하면
촉촉한 입술 사이
사랑의 입김이 묻어나고

미움이라 말하면
마른 입술 사이
미움의 아린 싹이 튼다

꽃이라 말하기 전
꽃을 생각하는 마음에
형형색색 꽃송이 화원이 되고

사랑이라 말하기 전
설레는 가슴에
몽글몽글 구름 꽃 오색풍선이 되고

미움이라 말하기 전
미움의 향기가
아름다운 기억마저 까맣게 지우기 때문이다

마음에 피는 향기는 숨길 수 없다

그대라는 이유만으로

그대가 하늘이라면 땅이 되겠습니다
그대가 나무라면 그 아래 그늘이 되어
해가 쉬어가는 그림자를 만들겠습니다
그대가 비라면
한 방울 눈물까지 담아두겠습니다
그대가 천둥이라면
뒤따르는 번개가 되겠습니다
그대가 길이라면
날마다 그 길을 걸어가겠습니다
그대가 노을이라면
일몰을 지켜보는 강이 되겠습니다
그대가 바람이라면
나의 창을 활짝 열어 두겠습니다
설사 아무것도 아니라 해도
오직 그대라는 이유만으로
나는 그대를 사랑합니다

어제와 오늘 그리고 내일

오늘은 어제의 내일이자
내일의 어제가 될 것인데
어찌 어제와 내일 속에 오늘을 묻으려 하는가

앞만 내다보고 뒤만 돌아보는 사람아
어제와 내일에 묻혀
오늘을 까맣게 잊고 사는 사람아
멈추지 않는 시간을 탓하며
언제까지 울고만 있을 텐가

당신이 어제를 말하는 동안
오늘도 어제가 되어버리는 것을

내일은 어제와 오늘의 귀착점이니
내일을 약속하기보다 오늘에 임하는 것

오늘을 잃은 사람아
영원을 바라다 순간을 놓쳐버린 사람아
지금 있는 곳이 당신의 자리라

내일을 어림잡기보다
그곳에서 당장 해야 할 일을 찾아야 할 것이다

아버지

추울수록 시린 가슴 데우는
묵직한 온돌 하나 지니고 싶다

그것은 멈추지 않는 심장일 수도
한파에 지지 않는 동백일 수도
겨울 강을 지키는 새일 수도
노점 상인의 선한 웃음일 수도 있다

하지만 그 무엇보다
흥건한 눈물 속에 떠오르는 얼굴
주저앉고 싶을 때 일으키는 손
부를수록 힘이 되어주는 이름

아버지, 나의 아버지

가슴에 아버지를 지닌 사람은
깨어지고 넘어질지언정
다시 일어나는 역전의 힘이 있다
산처럼 버티는 힘이 있다

헤어져도 헤어지지 않을 사람이여
죽어서도 죽지 못할 이름이여

나의 기도

나의 기도가
내 안에 머물지 않게 하소서

당신께 올리는 기도가 하늘에 닿지 않을지라도
땅에 떨어져
한 송이 꽃이라도 피우게 하소서

남의 허물이 보일 때 나를 살피고
내 눈에 있어
보이지 않는 티를 맑은 눈물로 씻게 하소서

올곧고 선한 세상을 위하여
가져야 할 생각과
지금 내가 할 일을 가늠하게 하소서

하루를 나서기 전
나아갈 길을 물을 수 있게 하소서
어제보다 나은 오늘 되게 하소서

하루를 마치는 기도가
당신의 기쁨이 되게 하소서

강, 바람에 살다

바람이 몹시 불어오군요
어디선가 강물의 가쁜 숨결이 들려옵니다
나뭇가지 스치는 소리 마른 잎 구르는 소리
기약 없는 계절 여행이 시작됩니다

거리를 부유하는 이 모든 것들도
한때 찬란한 시절이 있을 테지요
하지만 떨구고 흩어짐이 절망이 아니란 걸
건설은 폐허의 땅으로부터 이루어지니까요

바람을 업고 강을 건너는 새
쇤 바람에 날개를 드넓게 펼칩니다

바람 없는 강물을 고요라 하지 않으렵니다
잠잠한 물결의 적적함을 아는 까닭이지요
나는 바람을 만나고 바람을 통해
한 뼘 길을 넓혀가는 강이 되어보렵니다

바람길 따라 흐르는 강
지나는 풍경을 물에 가득 채웠습니다
연인의 발자국소리도 놓치지 않지요
낮게 흐르니 가장 높은 곳에 닿을 수 있을 테지요

섬과 섬을 잇는 대지의 혈관은
바람이 전하는 연서를 들고
뭍을 향하여 오늘도 힘차게 달려갑니다

봄꽃의 비밀

꽃을 스치면 꽃향기가 나듯
그저 보기만 하여도
향기가 온몸으로 전하여지는 사람

곁에 있으면 기분이 좋아지는
설핏 지나치기만 하여도
좋은 일이 일어날 것만 같은 사람

먹구름 소나기 젖은 날에도
언덕 너머 무지개를 떠올리는 사람
온갖 향기를 불러오는 봄꽃 같은 사람

천 가지 향기를 지닌 그녀를
사람들은 저마다 다르게 말하지

쉿
아직 밝히지 않은 비밀 한 가지
향기는
취하는 사람에 따라 달라진다는 것

곁가지

곧은 나무에 눈 밖이던 곁가지
훤칠하고 미끈한 나무에
볼품없이 걸리적 성가시기만 하였지

강풍 몰아치던 밤
가지는 저 홀로 바람을 막아섰지
온몸으로 나무를 감싸 주었어

밤새 휘청이며 신음하던 울음을
그 누구도 듣지 못하였어

바람이 잠든 아침
차디찬 바닥에 내팽개친 너를 보았지

나무는 바람을 불러와
있는 힘 다하여 잎을 떨구었지
상처 난 곁가지를 힘껏 안아 주었어

누군가를 위해
자신을 놓을 수 있는 용기
사랑을 아는 자만이 할 수 있는 것이라

띄우지 못한 편지

띄우지 못한 편지가 쌓여 갑니다
한 줄씩 써 내려가면서
며칠 후 겉봉을 열고
꽃처럼 피어날 얼굴을 떠올립니다

까닭 없이 우울할 때
위로의 말이 듣고 싶을 때
이런저런 푸념과 일상의 이야기로 당신을 두드립니다
하루의 일과 꽃이 피었다 지는 이야기
서풍이 부는 언덕과 강물에 떠내려가는 낙엽
그리고 무엇보다
우리의 만남에 대해 당신께 넋두리합니다

그러는 사이 해가 능선을 넘으면
쓰다만 편지를 서랍에 넣고
맑은 하늘과 희망에 대하여 다가올 행복에 대하여
다시금 쓰고 싶어집니다

보내지 못한 그리움은 쌓여
울창한 숲이 되었습니다

당신을 만나기 위한 것

절망이 내 앞을 가로막을 때
곧 다가올
전율 같은 희망을 떠올리게 하소서
좌절과 실패에 주저앉기보다
지금까지의 은혜에 감사하게 하소서
내일이 막막할 때
몇 번을 넘어져도 털고 일어났던 길
그 길의 끝자락에
몰라보게 달라져 있을 나를 생각하게 하소서
주어진 길의 의미를 깨우치게 하소서
삶이 나를 힘들게 할 때
나보다
더 아파할 당신을 떠올리게 하소서
그동안의 눈물이
당신을 만나기 위한 것이란 걸 알게 하소서

미움도 사랑이라

미워하지 않으려 사랑하지 않겠다
사랑하면 사랑할수록
미움의 깊이가 더하여지니까

너를 사랑한다고 하였으나
돌아서 미움의 웅덩이를 파고 있었으니

나는 고요한 바다처럼 너울 없는 삶을 살겠다
잠시 머물다 사라져 버릴 파도 같은 사랑은 않겠다

나는 마침내 무료한 삶을 택하였다
내 삶은 꿈꾸던 바다가 되었다
새도 찾지 않는 적막의 바다엔 고요만 출렁인다
밤은 길었고 달도 그림자를 감추었다

미움보다 서러운 것이 잊었다는 거란 걸

바다는 멀어져 간 파도를 애타게 부른다
미움도 절절한 사랑이었음을

강

물결이 잠잠하다고
강이 흐름을 멈추었으랴

강은 알고 있다
느낄 수 없다고 볼 수 없다고
가던 길을 멈춘 게 아니라는 것을

유순한 강도 남모를 상처는 있어
돌부리에 걸려 넘어질 때마다 커지는 물소리

강은 알고 있다
힘겨울수록 서로를 놓지 않아야 한다는 것을

가는 곳마다 부르는 이름은 달라도
길의 처음은 하나이다
너를 그리는 내 마음도 처음 그대로이다

강은 알고 있다
내가 가야 할 곳이 어디인가를

강이 바다를 향하듯
나의 길은 오직 너를 향하고 있다

별밤

별비 쏟아지는 사막을 달리고 싶다
타이어 바람을 가득 채우고 모래바람 일으키며
길이 아닌 길을 나아간다

낡은 표지판이 가리키는 곳으로 가다 보면
노을이 쉬어가는 언덕
전설의 자리마다 묵은 향기 스멀거리고
몇 고비 사구에 발을 빠져가며
달리고 달려도 머무는 건 제자리

길이 없는 곳에서 길을 찾는 사람들
하지만 걸음을 멈출 수는 없었다
걸음이 멈추면 내 삶도 멈추어지고 말 것이라

한참을 헤매다 보니 칠흑 하늘에 불이 켜진다
눈앞에 펼쳐진 별들의 바다,
사라져 간 영혼의 무덤
잃어버린 발자국 무수한 별이 되었다
그토록 찾던 길 여기에 모두 모여 있었던 것을

어둠이 오고야 별이 밝은 줄 알았다
별이 유일한 길이 되는 곳

살면서 도무지 길을 알 수 없을 때
어둠 속 길을 잃을 때
고개 들어 나의 길이 되는 하늘을 바라보라

다시 오지 않을 오늘입니다

오늘이란 선물을 두 손에 받았습니다
단 기억할 것은
어제에 대한 기억과 내일을 말하지 않아야 합니다
신만이 아실 테니까요
오늘은 우리의 몫입니다
사람을 만나고 침묵에 귀 기울입니다
꽃마다 향기가 다르듯
사람마다 다른 향기를 지니지요
고운 언어를 품은 사람에게는
말로 풀어낼 수 없는 향기가 있지요
향기로운 이야기는 가슴으로 스밉니다
좋은 생각은
솟아나는 샘물처럼 퍼 올릴수록 마르지 않는다지요
나누는 일에 주저하지 않으렵니다
내 생애 다시 오지 않을 오늘입니다

사랑받아 마땅한

지금까지 왔던 길 되돌아보니
나 혼자의 길이 아니었습니다

바람으로 빛으로 구름으로 그늘로
한순간도 떠나지 않은 당신인 것을
보이지 않는다고 잊을 당신이 아니니까요

그리 멀지 않은 인생길
비에 젖을까 길을 잃을까
길마다 등을 높이 들었습니다

한 생명을 구하려 천지를 바꾸어가는 당신에게
산과 바다가 사람을 위한 길이요
하늘과 땅 또한 다르지 않겠지요

당신의 손길로 빚은 것이라
보잘것없는 삶이란 처음부터 없는 거지요

너와 나
이 세상 둘도 없는 선물인 것을
사랑받아 마땅한 것을

마음의 틀

바람이 창을 두드리고 나무는 흔들리고
먹구름이 소나기를 쏟을지라도
나는 지금 이 순간을 놓치지 않으리

낮은 음악 소리에 멍이는 기지개 켜고
아들은 쿠키를 굽고
노릇이 익어가는 냄새가 집안을 데울 때
쿠키를 건네받을 사람을 생각하며
정성을 한입 베어 물때마다
꽃처럼 피어날 미소를 떠올리면
그들이 받을 기쁨보다 더 큰 행복에 젖어 들어
창을 뒤흔드는 태풍과
먹구름마저 존귀하게 느껴지는 것을

틀의 모양대로 구워지는 쿠키처럼
마음의 틀대로 보여질 세상 아닌가

우정으로 공복을 채우다

한 철 곰삭은 멸치젓도 모자라
황태 머리 다시와 검붉게 그을린 고추
열 손가락 벌겋도록 버무린 김치를
갓 지은 햅쌀밥에 척척 걸쳐 먹자며
홀로 할 친구를 불렀더니
그 친구
두어 해 묵힌 김치 수줍게 내민다
생김치 죽죽 찢어 한입 베어 문 친구 곁에서
모진 풍파 곰삭힌 묵은지가
가신 입맛 당긴다며 설레발친다
김치와 친구는
묵을수록 깊어지는 거라며
나는 종일 물이 켜이도록 묵은지를 먹었다
그날 우리는
우정으로 쓰라린 공복을 채웠다

뉴스

강원도 태백 장성 탄광에서
채굴을 준비하던 인부가 매몰되었다
지하 600미터 좁디 좁은 갱도
쏟아진 죽탄 더미에 사람이 묻혔다

선진국이라 자부하던 문화강국에서
컴퓨터 스마트폰 인공지능 초 개인주의
너 튜브로 하나 된 광속의 시대에
목숨을 담보하여 살아가는 사람은

해도 없는 좁디좁은 탄광에서
위태로운 삶을 지탱하는 누군가는
홀로 된 노모를 모시는 아들일 수도
어린 딸 아들 돌보는 가장일 수도 있는 것을

안락함에 가려진 고단함과
웃음에 가려진 슬픔이 있다지만

누군가 편리를 위해 누군가 위험해야 한다면
누군가 이기를 위해 누군가 목숨을 잃어야 한다면

진실의 목소리는 들리지 않아
비루한 삶은 죽어서도 말이 없구나

위성을 띄우고 달나라 여행을 생각하는 지금
다수를 위해 소수를 외면하는
선진 하지 않은 이 땅에서
소명을 다하던 그 사람은
아직도 집으로 돌아오지 않았다

장미를 오직 아름답게만 보는 이에게

붉은 웃음 속
가려진 눈물 보았나

시련이 닥칠 때마다
도드라진 돌기의 날카로움과
고통을 견디려 앙다문 핏빛 입술을 보았나

장미가 아름다운 건
꽃이 져도 저물지 않는 향기

향기 없는 삶
향기를 잃어버린 꽃
떠난 후 그를 기억하는 사람은 없을 것이라

장미의 가시는 인내를 위한 것
미운 생각이 들 때마다
날 선 가시로 혹독히 자신을 다스려가는
아름다움은 그렇게 빚어지는 것을

장미는 새벽이슬에 마음 씻는다
부단히 저를 가꾸어가는
아름다움은 그렇게 태어나는 것을

내 것이 아닙니다

나의 오늘
온전한 내 것이 아닙니다
해와 달 바람과 꽃의 기도로
내 하루가 시작되니까요

나의 삶
온전한 내 것이 아닙니다
나를 아는 또는 내가 잊은 사람
나도 모르는 그 누군가의 눈물로
내 삶은 이루어지니까요

나의 모든 것
마지막 거두어질 생명까지도 내 것이 아닙니다
내게 맡기신 소중한 것
되돌려줄 때까지 사랑하며 사랑하는 것
맡겨진 그날까지
후회하지 않도록 살아가는 것

나의 주인은 내가 아닙니다
내게는 내 영혼의 은신처인
나를 끝까지 지켜야 할 책임이 있습니다

무명용사의 묘비

'신만이 아실 것이다'
나는 누구인가
나 태어나 놀던 곳은 어디쯤인가
무엇을 위하여 내 전부를 주어야 했나
죽은 자는 우리에게 되물어 본다

폭풍 같은 젊음은 자유라는 깃발 아래
가을 낙엽처럼 스러지고
그들이 주고 간 자유와 평화에
눈물짓던 사람도 하나둘 사라지고
이제는 저물어가는 길에 바람만 술렁일 뿐

순간을 버리고 영원을 택한 사람들
꿈마다 고향의 주름진 손등에 얼굴을 묻는다

나 이렇듯 크게 살았으니
나의 이름과 명분을 밝히기보다
자유의 아들로 나를 불러다오

죽은 자는 우리에게 묻는다
내가 죽어서도

이 땅을 떠나지 않는 이유에 대하여

우리는 우리에게 물어야 한다
오늘을 어떻게 살아야 할 것인가를

시 한 구절 읊어보라

이른 아침 시 한 구절 읊어보라
내 마음 초원을 거니는 사슴 되고
새벽을 열어가는 새가 되고
가난한 농부의 빈 수레가 되는 것을

지는 나절 시 한 구절 읊어보라
노을이 쉬어가는 조약돌 되고
능선을 돌아오는 메아리 되고
가물거리는 얼굴조차 다정스러운 것을

무료한 날 시 한 구절 읊어보라
가물어가는 내 삶에 두둥 띄우니
놓칠 수 없는 순간과 그리운 사람들로
고단한 하루 봄눈처럼 녹으니

삶이 힘겨울 때 시 한 구절 읊어보라
살아있음이 희망이고
그리워할 수 있음이 행복인 것을

눈물이 눈물을 닦는
아픔이 아픔을 위로하는
사람이 사람을 위하는

참으로 아름다운 세상인 것을

조경숙의 시세계
- 혜안의 깃발, 희망의 시학 -

권대근
| 문학평론가, 대신대학원대학교 교수 |

I.

  수필가이자 시인인 조경숙 작가의 두 번째 시집 원고를 다 감상하고 나서 문득 떠오른 것은 보즈켓의 시론이었다. 보즈켓은 '내용과 표현 사이의 중간 용어가 인간'이라고 하면서, '예술은 자연을 반영하는 영혼의 모든 정서, 감정, 열정으로 물들어 있다. 특정한 자극이나 인상, 인상을 재구성하는 유기체, 그리고 특정한 물질에 의해 허용된 조건 속에 이러한 변형된 인상들을 표현하는 것이다. 바로 이것이 모든 순수예술에서 타당해 보이는 세 단계의 과정이다. 이런 과정이 시보다 더 복잡하면서도 매력적인 곳은 어디에도 없다'고 하였다. 조경숙 시인의 시는 서정시를 추구한다. '자연을 반영하는 그녀의 영혼이 그려진 곳'이 조경숙 시집이란 생각이 드는 이유다. 세계를 자아화하고 주관화하며 언제나 자신의 감정을 드러내려는 서정시는 어느 나라에서나 가장 큰 시의 주류가 된다. 합리적인 문명이나 일상적인 현실이나 물질적인 세속을 벗어나 나와 세계가 내밀하게 공존하려는 서정적인 욕망은 문명사회에서 오히려 가장 시적인 모습이라는 데 의의를 지닌다. 조경숙의 시를 보면 서정적 전통을 이어받고 있다는 느낌이 든다.

  조경숙은 간호학을 전공하고, 종합병원의 간호사로, 초등학교의 보건교사로 재직한 바 있어, 의료인으로 아픈 사람을 많이 접한 사람이다. 몸과 마음이 성치 않은 사람들과의 만남에서 공감력이 무성하게 자라 수풀을 이루고 있지 않을까 하는 생각을 해본다. 왜냐하면 그녀의 시는 희망에 바탕한 치유시학적 특징을 보여주고 있기 때문이다. 자유로운 형식을 취하는 서정시는 감정이 지나칠 때 주정적인 경향을 띠고, 적절히 지적인 요소를 포함할 때 주지적인 경향을 띠게 되는 것이다. 그녀의 시는 주지적이라기보다 주정적인 경향을 띤다. 사물과의 동일성을 통하여 자아를 확인하려는 것이기에 생의 원초적인 대상인 자연이나 전통은 시적 상상력 속에서 불변한다. 조경숙 시인의 시적 상상력이 지닌 독특한 특성은 언어 이미지를 사용한다는 것과 언어 이미지를 리듬이 있는 형식에 결합한다는 데 있다. 하지만 시라는 것도 끝내는 자기 구원의 방식이기 때문에 자연이나 문명이라는 객관적인 상관물을 간접화해서 도모하는 방법을 취해야 할 것이다. 거울이라고 할 수 있는 자연이나 문명을 통하여 나를 보는 것이 아니라 스스로 나를 보는 방식이다.

Ⅱ.

　서정시라는 말은 처음에는 음악 반주를 위해 쓰인 노래를 의미했다. 그러다가 원래의 음악 반주를 암시하는 시를 의미하게 되었고, 그 뒤 보다 느슨하게 음악적 특성을 지닌 시, 그리고 최종적으로 순수한 개인적인 시를 의미하게 되었다. 펠그레이브는 '서정적이라는 용어를 단일한 생각, 감정 혹은 환경에 관심을 돌리는 것을 함의하는 것'이라 하면서, '서정시란 한 가지 상황이나 한 가지 욕망을 반영한다'고 하였다. 그의 서정시론이 대단히 탁월하다고 생각한 것은 '한 가지 상황이 한 가지 욕망을 반영한다'는 데서다. 조경숙 시인의 서정적 비전은 어디에 있을까. '단순하고 감각적이며 열정적인 느낌과 생각을 부여하는 독특한 경험, 사고, 신선한 정서, 자아의식, 그리고 진심을 드러낸다'는 데 그 특징이 있다고 하겠다. 수필가이자 시인으로서 그녀의 시적 생활은 조경숙 시인에게 이제까지 인식되지 않았던 세속의 삶에 대한 새로운 인식을 부여한다. 그녀의 시는 개인적 경험의 저 깊은 곳으로부터 나온 서정의 외침이고, 희망을 부르는 기도로써 성찰의 모습을 띤다. 괴테는 시인의 비전이 자연, 인간을 향할 수 있다고 말했다. 자연과 인간으로 향하는 그녀의 시는 멋드러진 음악의 반주 같은 울림을 준다.
　조경숙 시의 한 특징은 자연의 세세한 사항이나 독립된 대상을 명료하게 눈에 띄게 하며 재생할 수 있다는 데 있다. 현대의 명상적 서정시가 그 능력을 제대로 입증하려면 단일한 사례로부터 철학적인 일반화를 끌어낼 수 있어야 한다. 철학적 일반화는 보편성을 일컫는다. 조경숙 시인은 반드시 마지막에 가서 깨달음의 언어를 두레박으로 길어 올린다. 가장 개인화된 시의 양식으로 자신의 청정한 삶의 비전에 대한 무한한 다양성을 드러내는 것 또한 명백하다. 조경숙 시인의 경험, 사고, 그리고 정서에 의해 치장된 재료는 단순하고 자발적으로 작동하는 상상력에 의해 서정시로 재구성된다. 심리학자들은 상상력과 공상을 구별하려는 경향을 거의 보이지 않지만 조경숙은 피상적인 닮음과 심오한 상상력을 통한 유사성을 구분한다. 간결성과 어조의 통일성은 서로 떼려야 뗄 수 없다는 것이 분명하다. 훌륭한 서정시를 특징짓는 정서의 통일성은 극에서 말하는 행동의 통일성, 단편소설에서 말하는 효과의 통일성에 상응하는 것 같다. 중층으로 된 그녀의 언술시는 시적 화자에게 절망에서 일어나게 하는 힘을 부여한다. 생생한 시각적 효과를 내기 위해 그녀가 가끔 사용하는 객관적 상관물은 그녀의 시에 현대시의 옷을 입혀준다. 시적 성취를 견인하고 있는 것은 무엇일까? 중층묘사를 통한 정서의 객관화라 할 수 있다.

　　지금 외로울 때라면
　　이제 외롭지 않을 날만 남았습니다
　　지금 괴로울 때라면

이제 괴롭지 않을 날만 남았습니다
죽을 만큼 아프다면
이제 회복의 날만 남았습니다

그러니 그대여
진자리를 딛고 일어선 저 들풀처럼
삶의 가파른 절벽을 만났을 때
그를 두려워하기보다
더 높이 날아오르는 새가 되어봄이 어떠한지

폭풍의 바다에서 희망의 그물을 내리는 사람은
역풍에 배가 흔들릴수록
승리의 깃대를 더 높이 올리니까요

지금 그렇다 할 때
이제
그렇지 않을 날만 남았음을 꼭 기억하세요

―「이제 그렇지 않을 날만 남았습니다」 전문

    존 어스킨에 의하면, 서정시는 정서적 자극이 최고의 수준까지 나아가 마침내 그 정서는 떨어져 나가고 지적인 요소가 스스로를 주장하게 되는데, 그 정서는 마침내 하나의 사고, 정신적 결의 혹은 태도로 변형된다고 한다. 그러함으로 다른 어떤 유형의 시보다 서정시가 시인의 개성을 잘 표현한다고 보았다. 위 시의 화자는 '외롭고, 괴롭고, 죽을 만큼 아픈' 타자를 설정하고, 어쩌면 그 대상이 자기일 수 있다는 생각도 들지만, 어쨌거나 이제 그만 외로워하고, 그만 괴로워하라는 것이다. 그동안 많이 아팠으니, 더 아프면 안 된다는 시인의 외침에서 평자는 등가교환의 법칙을 떠올린다. 많이 아팠기 때문에 반대급부로 이제 그렇지 않을 날만 남았다는 걸 꼭 기억하라고 당부한다. 일종의 언시를 통해 시인은 세상의 아픔을 치유하려 한다. '그렇지 않을 날만 남았다'고 확신하는 화자의 자세에 주목할 필요가 있다.

'그러니 그대여 진자리를 딛고 일어선 저 들풀처럼 삶의 가파른 절벽을 만났을 때 그를 두려워하기보다 더 높이 날아오르는 새가 되어 봄이 어떠한지 폭풍의 바다에서 희망의 그물을 내리는 사람은 역풍에 배가 흔들릴수록 승리의 깃대를 더 높이 올리니까요' 두 번째 연에서 '그대여'라고 누군가를 명명하는 걸 보니, 자신은 아닌 것 같다. 그의 시인적 역량은 둘째 연에서 빛나는데, 첫 번째 연이 관념적인 언어로 된 목표영역이라면, 두 번째 연은 근원영역이라고 할 수 있다. '진자리' '들풀' '가파른 절벽' '높이 날아오르는 새' '폭풍의 바다' '희망의 그물' '배' '승리의 깃대' 등의 구체어로 가시적 세계인 이미지를 재현하여 시적 감각을 우리에게 전달한다. 보이지 않는 외로움과 괴로움에서 벗어나는 방법을 보다 구체적으로 묘사함으로써 그녀는 시적 대상에 내재한 기의의 세계를 지향한다는 점에서 시를 제대로 써내고 있는 것이다.

그대여 그리 서둘지 마라
오늘 스친 구름과 하늘과 바다
내 생애 두 번 다시 만날 수 없을 테니

길과 길은 이어져 있건만
언제나 길의 끝을 물어보는 사람들

오른 만큼 내려야 하는 길에서
서둘러 이른다 자랑할 것도
더디다 가지 못할 것도 아니지 않은가

벼랑 끝자락 무너질 듯한
저 바위가 아무리 위태롭다 하여도
그들 사이엔 떨어질 수 없는 철석과 같은 믿음이 있어
폭풍우에 젖은 세월이 그들을 하나로 만들었지

바위는 바위를 딛고 선 것이 아니다
온 힘을 다하여 서로를 받쳐주는 것이라

수평과 지평의 경계를 허물어가는 저 파도처럼

―「보리암에서」전문

 위 작품은 계간지 ≪부산시단≫ 작품상 수상작이라고 한다. 조선을 건국한 태조 이성계가 백일기도를 하여 왕이 되었다는 전설을 안고 있는 남해 금산에 위치한 보리암에서도 시적 화자는 또 누군가를 부른다. 이번의 대상은 '서두르는 사람'이다. 위 작품의 화자는 '오른 만큼 내려야 하는 길에서 서둘러 이른다 자랑할 것도 더디다 가지 못할 것도 아니지 않은가'하며 마음이 급한 대상을 달랜다. 화자가 서둘지 말라고 하는 이유는 '오늘 스친 구름과 하늘과 바다 내 생애 두 번 다시 만날 수 없을' 것이라는 데 있다. 얼마나 답답했으면, '길과 길은 이어져 있건만 언제나 길의 끝을 물어보는 사람들'이라 하면서 한 치 앞만 보고 사는 사람들에게 답답한 심정을 토해놓고 있다. 물론 보리암에서 '그대여'하며 부르는 시적 화자는 부처님이거나 고명한 스님이겠다. 세상의 이치란 눈에 보이는 것으로 판단하면 안 된다. 서둘다 보면 보이는 것만 보이고 생각나는 것만 생각하기 때문이다.

이유가 여러 가지겠지만, 험준한 산까지 올라온 사람이라면 산이 좋아 온 사람이라기보다 뭔가 깨달음을 찾아 산사로 온 사람일 수가 있다. 그런 사람이라면 정신적으로나 육체적으로 아픔이 있을 수밖에 없다. 한 인간의 성숙한 세계 인식은 저절로 형성되는 것이 아니다. 부족한 존재로서 많은 통증을 겪은 후에야 제대로 보이는 법이다. 이 시는 여섯 개 연으로 되어 있지만, 큰 흐름으로 보면 두 개의 층위로 되어 있다. 이런 이중 층위의 구축은 조경숙 시의 두드러진 특징이기도 하다. 시의 앞부분이 눈앞에 보이는 사람의 어설픈 태도나 몸짓이라면, 시의 뒷부분은 깨달음으로 안겨주는 신의 한 수다. 시인은 직접적인 언술로서가 아니라 구체어로 된 묘사를 써서 하나의 시적 정황을 완성

한다. '폭풍우에 젖은 세월'과 '파도처럼'은 그 안에 메시지를 나타내는 시적 의미를 감추고 있기 때문에 시적 비유와 상징으로 기능하게 되면서 문학적 효과를 가져온다.

슬플 땐 슬픈 노래를 들어요
삶의 노래엔 저마다 슬픈 곡조가 있지요
슬픔 없는 삶은 없을 테니까요

눈물 마를 때까지 걸었던 길과
걸을수록 멀어져 가는 슬픔에 대하여

고난과 역경을 헤쳐왔던
이야기에 가만히 귀 기울여요
손잡아줄 누군가를 떠올려 보아요

슬픔은 슬픔으로 끝이 아니라는 것과
비구름 지난 후
보다 높아져 있을 하늘을 그려요

이런 슬픔이
비단 나만의 것이 아니라는
그의 노래를 들어 보아요

슬픔을 위로하는 슬픔은
슬픔이 아니라는 그의 노래를 흥얼거려요

슬플 땐 나보다 더 슬픈 노래를 들어요

눈물을 달래주는 눈물은
눈물이 아니라는 그의 노래를 흥얼거려요

― 「슬플 땐 슬픈 노래를 들어요」 전문

　작품의 화자는 '슬플 땐 슬픈 노래를 들어요'라고 하면서, '삶의 노래엔 저마다 슬픈 곡조가 있지요 슬픔 없는 삶은 없을 테니까요'라고 노래한다. '고난과 역경을 헤쳐왔던 이야기에 가만히 귀 기울여요 손잡아 줄 누군가를 떠올려 보아요'에서 시적 화자는 '손잡아 줄 누군가를 떠올려 보라'고 한다. 이는 인문학적인 사유, '절문이근사'를 떠올리게 한다. 가까이에 있는 사람을 잘 생각해보면, 또는 절절하게 바라면, 원하는 것을 이룰 수 있다는 걸 의미한다. 치유시학의 현현이고, 희망을 노래하는 시학의 펼침이다. 눈물을 흘릴 정도로 더 이상 나아갈 수 있는 길이 없다고 절망하는 순간을 회피하지 않고 받아들이면 더 큰 기쁨을 발견할 수 있다는 것이다. 이렇게 직설적으로 누군가를 찾으라고 하는 말에는 힘이 실리지 않는다. 시인은 후반부 연에 가서 전반부의 직정을 미적 정서로 변용하는데, 다시 말하면 시적 대상을 묘사하는데, 이는 그 자체로 비유와 상징이라는 시적 본질에 접근하는 것이기도 하다.

　화자는 '슬픔이 슬픔으로 끝나는 것이 아니라는' 것을 반드시 보여주고자 한다. 비가시적인 것을 가시화하는 것은 예술의 목적이다. 시인은 구체적으로 대상자가 그려야 할 상상의 세계를 제시하며, '비구름 지난 후 보다 높아져 있을 하늘을 그려요'라고 하면서 원관념인 시인의 의드와 의미를 감춘 채, 그것을 대체하는 보조관념으로서의 시적 이미지 '비구름 지난 후의 보다 높아진 하늘'을 내세운다. '높은 하늘'에 묘사된 기표를 통해 꿈과 희망이라는 기의를 제시한다. 따라서 '높은 하늘'은 자연으로서의 천공만을 보여주는 것이 아니라 '높은 하늘'을 보는 순간에 꿈과 희망이 보내는 기의를 호명하는 것이다. 시인이 희망을 버려서는 안 된다는 것을 직접 말하는 것보다 희망의 구체적 국면을 이미지로 재현하는 것이 보다 더 시적인 언술 양상이라는 것을 잘 알고 있는 까닭으로 이 시 또한 문학적 성취를 갖는 것이다. 그래도 못 미더워 화자는 '슬픔을 위로하는 슬픔은 슬픔이 아니다' '눈물을 달래주는 눈물은 눈물이 아니다'라는 어록까지 남기며, 마지막까지 치유의지를 놓지 않는다.

돌아서고야 볼 수 있는 참모습
마주할 때 알 수 없던 진심과
함께할 때 느끼지 못한 너를 나는 알게 되었어

사람이 떠난 후
그 자리가 커지는 것은
그가 남긴 꾸밈없는 얼굴 때문이야
떠난 자는 알 수 없으나
남은 자의 가슴에 뚜렷이 새겨진 모습

그의 숨결과 체취, 다정한 목소리
　　아무도 손댈 수 없고
　　바꿀 수도 없는 오직 그만의 것

　　끝내 밝히지 않은 삶의 긴 이야기
　　페르소나에 가려진 진실을 읽는다

　　　　　　　　　　　　　　－「뒷모습」전문

　누군가가 살아온 삶의 궤적을 한 걸음 한 걸음씩 따라 밟아나갈 때 만날 수 있는 건 '질문'이다. 그는 누구인가, 그를 이루는 것은 무엇인가, 어떤 것이 그를 불행하게 만들었는가, 무엇이 그를 행복하게 만들었는가 등의 물음이다. 이러한 질문들을 아우르는 하나의 질문은 '그 혹은 나를 규정하는 것은 무엇인가'다. 「한 남자」는 한 남자의 정체를 쫓는 또 다른 한 남자의 등을 바라보며 '나'를 발견하게 되는 영화다. 위 작품의 화자는 '돌아서고야 볼 수 있는 참모습 마주할 때 알 수 없던 진심과 함께할 때 느끼지 못한 너를 나는 알게 되었어'라고 하면서 참모습과 진실의 속내를 드러내고 있다. 그 이유는 그 '진실'이라는 것이 '함께할 때가 아니라 돌아서고야 느낄 수 있다'는 걸 이제야 알았기 때문이다. '사람이 떠난 후 그 자리가 커지는 것'은 '그가 남긴 꾸밈없는 얼굴' 때문이라는 언명은 '진실은 눈에 보이지 않는다'는 어린 왕자의 이야기를 떠올리게 한다.

　보통 앞모습은 분장하거나 위장할 수 있지만 뒷모습을 감추기 위해 꾸미는 경우는 드물다. 누군가와 헤어져 뒤돌아 걷는 뒷모습은 세월의 무게를 이겨내기 위해 온몸으로 항거해 온 느낌을 주는 경우가 많다. 조경숙 시인은 「뒷모습」이란 시를 통해 사람의 진면목은 뒷모습에 있다는 것을 말해준다. 그렇다. 맞다. 페르소나는 가면이다. '그것'이 아니면 '그것'이라고 할 수 없는 '그것'이 진실이라면, 진실은 시적 화자의 말대로 '그의 숨결과 체취, 다정한 목소리 아무도 손댈 수 없고 바꿀 수도 없는 오직 그만의 것'이다. 시인은 인간이 상징계로 진입하면서 쓰게 된 사회적 인격, 페르소나 속에 있는 '끝내 밝히지 않은 삶의 긴 이야기'를 '뒷모습'을 통해서 읽는다. 그것이 바로 '페르소나에 가려진 진실'이다. 우리가 슬픈 뒷모습에 등 돌리지 말아야 할 이유다. 사람마다 사는 이유와 아픔이 제각각 있겠지만 뒷모습은 누구나 무겁고 슬픈 것이 아닐까. 그 모든 사연과 배경을 알 수 없을지라도 누구나 자기 슬픔은 무거운 법이 아니랴.

　　중천의 열기가 남았습니다
　　긴 여름을 견뎌온 당신께 고마움을 전합니다

　　태양을 벗 삼은 배롱나무처럼
　　가파른 고비를 지나
　　가을 문턱을 오르니 참으로 대견한 일입니다

　　기쁨보다 슬픔이 많은 삶이라지만
　　작은 일에 크게 웃는 당신을 보며

운명이란 스스로 만드는 것이란 걸 알았지요
기뻐서 웃기보다 웃음으로 더 기쁜
눈동자는 아이같이 맑아요

메마른 우물에서 희망을 건져 올리는 손
진정한 승리는
그런 사람의 것이란 것도 알았습니다

이렇게 소중한 걸 알려주신
당신께 가을을 가장 먼저 전합니다

-「당신께 가을을 전합니다」 전문

　위 작품의 화자는 '메마른 우물에서 희망을 건져 올리는 손'에 의미를 부여한다. 결국 '진정한 승리는 그런 사람의 것'이란 걸 알았다고 고백하고 있다. 이와 같은 모습에서 깨달음에서 승리하는 인생이 어떤 것인가를 알 수 있게 한다. '기쁨보다 슬픔이 많은 삶이라지만, 작은 일에 크게 웃는 당신을 보며, 운명이란 스스로 만드는 것이란 걸' 알게 된 시인은 인간 가치가 점점 훼손되고 있는 이 자본주의 시대를 극복하는 구체적인 자세가 희망을 잃지 않는 일임을 이 시를 통해 말하고자 한다. 희망은 인간적인 차원에서 요구되는 역할을 감당한다. 작은 일에 크게 웃으며, 힘든 인생의 길을 견뎌내며 희망의 미래를 꿈꾸며 긍정의 자세로 살아가는 것이 진정한 의미의 인생 승리자라는 시적 화자의 인생관이 담긴 시다. 전쟁과 전염병으로 세계 경제는 엉망이 되고 삶은 더욱 힘들어진다. 이와 같은 상황에서 조경숙 시인이 추구하는 사람의 길은 주목된다. 인생은 숙성을 통해 완성으로 나아가는 과정이 아닌가. 운명을 스스로 만들어가는 것이야말로 이 자본주의 사회에서 살아남을 수 있는 궁극적이면서도 구체적인 방법이기에 공감되는 것이다.

　이 시를 읽어내는 묘미는 '여름'과 '가을'의 의미 속에서 시인의 의도를 파악해 나가는 데 있다. 여름은 '열림'이다. 열지 않고서는 어떤 것도 맞이할 수 없다. 내 마음을 먼저 열어야 상대를 맞이할 수 있다. 굳게 닫힌 마음의 문을 열지 않고서는 내면의 세계로 들어갈 수 없다. '메마른 우물'에서 '희망'을 건져 올린다는 건 어쩌면 불가능할지도 모른다. 그러나 가을의 풍성한 열매를 수확하기 위해서는 작열하는 태양을 받아들이고 비바람에도 견뎌야 한다. 열매의 가치는 내가 얼마나 마음을 열고 뜨거운 태양을 받아들였는지에 따라 달라진다. 무더운 여름에 내가 얼마나 땀흘리는 노동을 했는지에 따라 가을에 거둬들일 수 있는 수확이 달라진다. 시인은 이런 여름을 견뎌내는 인고와 노력의 삶을 '태양을 벗 삼은 배롱나무처럼 가파른 고비를 지나'라는 비유로 표현하는 저력을 보여준다. 이와 같은 시적 표현은 직설적으로 이야기했을 때보다 더욱 깊은 울림을 줄 수 있다. 뿐만 아니라 이와 같은 방식의 언술양상은 이미지가 전달하는 미적 감각을 극대화할 수 있게 한다. 그리하여 이미지는 단순히 장면을 재현하는 차원을 넘어 신선감을 부여함으로써 시적 대상에 강렬성과 환기력을 제시한다.

> 내일이면
> 내일의 해가 뜨는 청사포로 가련다
> 새벽안개 걷히면
> 잠든 수평선에 불면의 배 한 척
> 거친 삶 묵묵히 일구어가는 곳
> 바다와 하늘이 정을 나누는 곳
> 밤이면 별을 벗 삼고
> 아침이 밝아오면
> 또 다른 날을 꿈꾸어가는 청사포에서
> 참솔 바람 간지러운 해변가
> 담장 낮은 마루에 걸터앉아
> 소금 바람 반주 삼아
> 들뜬 파도 소리에 취하여
> 너랑 젊은 한때 이야기로
> 열흘 밤낮 꼬박 새우고 싶다
> 그리워하기보다
> 오래 그리울 날을 보내고 싶다
>
> ―「청사포에서」에서

작품의 화자는 미래의 꿈을 가슴속에 지니고 있는데, 내일은 내일의 해가 뜨는 '청사포'로 가려고 한다. 청사포를 생각하면 그리워하기보다 그리울 날을 보낼 것 같은 생각이 되살아난다. 미래로 향해 나아가고, 올바른 방향을 정립하기 위해 시적 화자가 그려내는 이미지를 살펴보면, 그가 얼마나 진정한 자신으로 당당하게 살아가그자 하는지 알 수 있다. '해가 뜨는' '가련다' '새벽안개 걷히면' '묵묵히 일구어가는' '정을 나누는' '별을 벗 삼고' '아침이 밝아오면' '꿈꾸어가는' '담장 낮은 마루에' '걸터앉아' '소금 바람 반주 삼아' '들뜬 파도 소리에 취하여' 등의 시어에서 알 수 있듯이 열거된 어구는 진취적이고 긍정적이고, 희망적이고, 낭만적이다. 위에 제시된 구체어들은 기존 단어나 관념어가 제시하기 힘든 시적 사유와 감정을 독자에게 전달한다. 이런 시어들은 조경숙의 시에서 대상의 새로운 감각과 상상력을 극대화시키는 중요한 요소로 작동하고 있다. 엘리엇이 말한 이들 객관적 상관물들이 정서를 야기해 조경숙 시의 격을 드높인다고 하겠다.

마지막에서 가서 화자는 사랑하는 사람과 추억을 논하며 함께 오래 있고 싶다는 소망을 피력한다. 순간과 찰나의 사랑이 판치는 세상에서 그녀는 적어도 아침에 피었다가 저녁에 지고 마는 나팔꽃 같은 사랑은 하지 않겠다는 것이다. 시의 가장 중요한 언술양상인 묘사를 파악하는 것은 시의 구성원리를 파악하는 것과 다르지 않다. 시간의 경과를 나타내는 '열흘 낮밤'과 '오래'라는 어휘에 주목해 보자. '열흘 낮밤'이란 구체어와 '오래'라는 일상적인 부사를 번갈아 써가며 자신의 소망을 중층으로 구체화한 건 그만큼 시인이 시를 맛있게 빚으려고 노력하는 증거라 하겠다. 지금까지와 다른 삶을 살기 위해서는 과거로 먼저 여행을 떠나야 한다. 새로운 미래를 만나기 위해서는 지금까지와는 다른 삶을 살아야 한다. 바로 그곳이 '청사포'다. 내일의 해가 뜨는 곳이기 때문이다. '젊은 한때 이야기'로 '열흘 밤낮 꼬박 새우고 싶다'는 그녀의 꿈과 '그리워하기보다' '오래 그리울 날을 보내고 싶다'는 바람은 과거의 현재화에서 더 나아가 현재를 미래화하는 것으로, 꿈꾸는 시적 화자의 들뜬 마음에 날개를 달아주어 시에 생동감을 불어넣어 준다고 하겠다.

> 늘 가던 길을 걸었다
> 막다른 골목을 접어들었을 때
> 한 길만 고집하던 나는 몹시 당황하였다
>
> 이 골목 저 골목 한참을 기웃거리다
> 해거름이 되어서야
> 낯익은 길을 찾아내곤 안도의 숨을 내쉬었다
>
> 그날 나는 알게 되었다
> 내가 다니던 길을 비켜나니
> 지금까지 모르던 또 다른 길이 무수히 있다는 것을
>
> 길을 잃지 않고는 알 수 없는 길
> 길을 잃고야 길을 찾았다
>
> 살면서 길을 잃고 울었던 날들
> 길이 없다 고민하던 날들이
> 새 길을 찾기 위한 시간이었던 것을

길을 잃지 않고는 도무지 길을 찾으려 하지 않기에

- 「길을 잃고 길을 찾다」 전문

조경숙 시의 묘미는 전에는 몰랐다가 체험을 통해 알게 되었다는 깨달음의 미학에서 나온다. '알게 되었다'는 말은 조경숙 시에서 많이 발견되는 말이다. 위의 시는 아리스토텔레스의 실천적 지식을 불러온다. 책상 지식인보다 일상에서 체험적으로 깨달은 거리의 지식인이 세상의 변화를 일으킨다. 탁상과 일상은 다르다는 사실을 알고 있으면서도 여전히 우리는 격동의 현실과 거리가 먼 창백한 거실 소파에 앉은 채 고민에 고민을 거듭하고 있지 않은가. 생각이 생각으로 끝나고 고민이 고민으로 계속된다면 공허한 생각과 골치 아픈 고민만 머리에 남는다. 시적 화자의 '길'에 대한 깨달음은 우리 삶에 중요한 메시지를 던진다. 살아있는 지식을 체화하려면 내가 직접 실천해봐야 한다는 사실보다도 더 큰 울림을 주는 것은 '길을 잃지 않고는 알 수 없는 길/ 길을 잃고야 길을 찾았다'는 대목이다. '살면서 길을 잃고 울었던 날들/ 길이 없다 고민하던 날들이/ '새로운 길을 찾기 위한 시간이었던 것'을 알게 된 뒤의 깨달음이 바로 시가 된 것이다. 그래서 그의 시학은 깨달음의 시학이다.

'길을 잃고 헤매는 가운데' '낯익은 길'도 찾아내고, '생각지도 못한 다른 길'이 있음도, '지금까지 모르던 또 다른 길'이 무수히 있다는 것을 알게 된 화자는 그것이 '새로운 길을 찾기 위한 시간'이었음을 뒤늦게 알게 되었다는 게 이 시의 핵심이지만, 색다른 길은 길을 잃은 덕분에 찾을 수 있었던 생각지도 못한 길이다. 헤매다 보면 생각지도 못한 길, 아무도 걸어가지 않았지만 새로운 가능성의 문이 열려 있는 길을 발견하게 된다는 것이다. 혜안은 헤매는 와중에 어느 순간 떠오른다. 혜안이 떠오르는 순간을 맞이하기 위해 방황을 하고 방향을 찾아나서는 것이다. 시인에게 헤매는 일은 행동으로 하는 것이지만 생각으로도 할 수 있다. 그렇지만 언어로만 하는 실천은 한계가 있다. 그렇게 해서는 안 될 것이다. 책상 앞의 지식이 관념의 파편으로 전락되지 않고 살아있는 지식으로 내 몸에 체화되기 위해서는 그 지식이 탄생할 수밖에 없었던 상황적 맥락을 이해하고 내가 직접 실천해봐야 하는 것이다.

이른 날 시 한 구절 읊어보라
내 마음 초원을 거니는 사슴 되고
새벽을 열어가는 해가 되고
가난한 농부의 빈 수레가 되는 것을

지는 나절 시 한 구절 읊어보라
노을이 쉬어가는 조약돌 되고
능선을 돌아오는 메아리 되고
가물거리는 얼굴조차 다정스러운 것을
무료한 날 시 한 구절 읊어보라
가물어가는 내 삶에 두둥 띄우니

놓칠 수 없는 순간과 그리운 사람들로
고단한 하루 봄눈처럼 녹으니

삶이 힘겨울 때 시 한 구절 읊어보라
살아있음이 희망이고 그리워할 수 있음이 행복인 것을

눈물이 눈물을 닦는 아픔이 아픔을 위로하는
사람이 사람을 위하는 참으로 아름다운 세상인 것을

—「시 한 구절 읊어토라」 전문

  시를 읽는 것은 시인의 미적이고 감동적인 체험을 빌어 시인이 체험했던 감동을 간접 체험을 통해 획득하는 행위다. 시인은 왜 하필 '시 한 구절'을 읊어보라고 할까. 시의 충격적 감동은 겉핥기식이 아닌 정독에 의해서만 가능하기 때문이다. 시집을 읽다 보면 감동을 준 부분이 있기 마련이고, 유독 이 구절이 왜 내게 감동을 주고 마치 내가 쓴 것 같은 친근감을 주는 것인가 하고 생각하게 되면 그럴 만한 이유가 생겨날 것이 아닌가. 그 이유는 분명 자신의 체험과 연결되게 되어 있다. 중요한 것은 이런 유사한 체험을 시인이 어떻게 시로써 성공시키고 있는가 하는 부분에 대한 관심이다. 시인은 독자에게 시를 읽어보기를 권하면서, 읽어야 할 때를 적시하고 있는데, '이른 날', '지는 나절' '무료한 날' '삶이 힘겨울 때'로 구분하였다. '시도 때도 없이'보다 훨씬 낫다. 그때그때마다 상황이 다르니 시의 의미도 달라질 수밖에 없을 것이다. 이 시에서 중요한 것은 역시 중층묘사인데, 이를테면, '이른 날' 시 한 구절 읊어보면, '사슴'이 되고 '해'가 되고 '빈 수레'가 될 수 있다는 것이다. 이런 구체어들은 인상적인 장면을 제시하고, 이 장면이 우리에게 미적 강렬함과 충격을 안겨준다.

조경숙의 시는 대체적으로 중층묘사법으로 쓰이는데, 대부분의 시가 묘사와 진술이 어우러지며 유기적인 세계를 형성한다. 그녀의 시는 진술 중심의 시에 묘사가 개입함으로써 진술이 감각적으로 이미지화되기도 하고, 묘사 중심의 시에 진술이 개입함으로써 시적 사유가 확장되기도 한다는 데 그 특징이 있다. 위의 시는 다섯 연 중에 세 연은 묘사로, 두 연은 진술로 되어 있어 상호보완적인 관계를 잘 형성하고 있다. '삶이 힘겨울 때 시 한 구절 읊어보라/ 살아있음이 희망이고 그리워할 수 있음이 행복인 것을// 눈물이 눈물을 닦는 아픔이 아픔을 위로하는/ 사람이 사람을 위하는 참으로 아름다운 세상인 것'이라 한 마지막 4연 5연은 관념어로 된 진술로 앞부분에 놓인 묘사로 인해 사유가 확장되기도 한다. 마지막에 놓인 이 시를 읽으면서 떠오른 사람은 영화 〈죽은 시인의 사회〉에 주인공으로 나오는 키팅 선생님의 말씀이다. '시를 읽는다는 건, 다른 이유가 없다. 그 사람이 인류의 한 사람이기 때문이다. 게다가 그 인류야말로 열정의 집합체라는 것을 잊지 마라. 의학, 법률, 금융, 이런 것들은 모두 삶을 유지하기 위해 필요한 것들이다. 그렇다면 시, 낭만, 사랑, 아름다움이 세상에 있는 까닭은 무엇일까? 그건 바로 삶의 양식이기 때문이다.' 그렇다.

시를 즐기는 것은 사람이 살아가는 존재이유다.

Ⅲ.

　시의 발상지라고 할 수 있는 그리스 로마 시대의 시는 한마디로 미, 질서, 지혜의 미학을 추구했다고 할 수 있다. 중세 고전주의, 근세 낭만주의를 거치고 현대에 와서 우리 시는 모더니즘의 옷을 입고, 견고한 이미지를 빌어 모호한 관념을 구상화하고자 하는 회화적 이미지즘을 구축했다. 현대시의 중요한 기법이자 대표적 표현방법은 정서의 감각화라고 할 수 있는데, 정서의 감각화는 체험시론과 연결된다. 체험시론은 감각기능을 동원하여 존재의 탐구나 발견이고자 하는 일종의 물화를 근간으로 한다. 물화는 존재의 확인이며 존재의 변용이며 존재의 탐색을 통한 새로운 재현이다. 우리에게 당면으로 주어진 시학은 적어도 시의 메타화이거나 컨시트와 아이러니, 풍자와 같은 형이상학 시에의 접근방식이라고 할 수 있겠다. 현대시인이라면 오늘의 시가 요구하는 것을 외면할 수 없기 때문이다. 조경숙의 시적 작업도 머잖아 이런 경향성에 편승하리라 본다. 조경숙 시는 무엇보다도 서정을 바탕으로 직조되어 시적 안정성을 확보하고 있다. 이미지 과잉의 문제를 벗어난 그녀의 시는 두 가지 중요한 요소인 감각과 사유 모두를 잘 아우르고 있다고 하겠다.

조경숙 시집
이제 그렇지 않을 날만 남았습니다

인쇄일: 2023년 9월 20일
발행일: 2023년 9월 26일

지은이: 조경숙
펴낸이: 최경식
펴낸곳: 청옥출판사
인쇄처: 세종문화사

출판등록 제10-11-05호
E-mail: sik62001@hanmail.net
전화: 051-517-6068
값: 12,000원

ISBN 979-11-91276-54-1 03810

* 본 도서는 2023년 경남 양산시 지역문화진흥기금 지원사업으로 지원을 받았습니다.
* 이 책의 무단전재 및 복제행위는 저작권법에 의거, 처벌의 대상이 됩니다.